Konrad Jahnke

Garnierte Platten

Konrad Jahnke

Garnierte Platten

Eine Anleitung
zum praxisgerechten Legen von kalten Platten
vom kleinen Anlaß
bis zum kalten Büfett
mit Hinweisen zur Organisation
und Kalkulation

10. Auflage

HUGO MATTHAES
DRUCKEREI UND VERLAG
GMBH & CO. KG

Konrad Jahnke

Der Autor ist seit Jahren in Fachkreisen durch Verkaufsseminare, Fachvorträge, Publikationen und als Juror bei vielen Plattenwettbewerben sowie durch seine Fachbücher bekannt.

Seine kreative Art wird in den Bereichen Marketing, Werbung, Verkauf und bei der Lösung technologischer Probleme deutlich. Zu seinem besonderen Anliegen gehören die Fragen der Verkaufsförderung.

Es ist deshalb kein Zufall, wenn ein Fachbuch entstand, das ganz auf den Erfahrungen der Praxis fußt. Dem Autor ging es darum, die fachlich notwendige Information mit einem größtmöglichen Nutzeffekt zu verknüpfen.

Das Fachbuch umreißt die ganze Spannbreite dieses Leistungsbereichs, von der kleinen Platte über das aufwendige kalte Büfett bis zur reizvollen Geschenkidee. Wer seinen Kunden einen Plattenservice anbietet, sollte versuchen, ein gleichbleibendes Niveau zu halten. Es sollen keine Kunstwerke geliefert werden, aber die präsentierten Nahrungsmittel müssen appetitlich angerichtet werden.

Die straff gegliederten Kapitel in diesem Buch informieren prägnant und praxisnah. Die großformatigen Bildbeispiele sind anschauliche Arbeitsunterlagen, um die angesprochenen Ideen zu verwirklichen.

Damit präsentiert sich dieses Fachbuch als Wegweiser, Nachschlagewerk sowie als ideales Handbuch für die tägliche Arbeit. Abgerundet wird das Werk durch praktische Hinweise, Checklisten, Tips zum Aufbau des Party-Service und durch Garniervorschläge.

Alle Rezepte und Vorschläge sind beispielhaft. Irgendwelche rechtliche Verbindlichkeit kann daraus nicht abgeleitet werden.

Aus heutiger Sicht ist der Autor überzeugt, daß ein gut durchorganisierter Plattenservice zu den unverzichtbaren Bestandteilen im Fleisch- und Wurstwarenangebot gehört.

ISBN 3-87516-328-1
10. Auflage 2001

Printed in Germany
Herstellung einschließlich der Reproduktionen:
Hugo Matthaes Druckerei und Verlag GmbH & Co. KG, Stuttgart

Leistung weckt Vertrauen

Das Leistungsniveau des Fleischerfachgeschäfts hat sich grundlegend gewandelt. Garnierte Platten und der Partyservice gehören zur Selbstverständlichkeit.

Der Plattenservice ist in vielen Fachgeschäften eine Umsatzgröße, deren Wegfall einen empfindlichen Verlust bedeuten würde.

Die Gründe für diese Entwicklung liegen einerseits in der Bereitschaft der Verbraucher, im Genußbereich mehr Geld auszugeben, auf der anderen Seite zwingt die wirtschaftliche Entwicklung das Fachgeschäft, alle Chancen zur Umsatzsicherung zu nutzen.

Wenn ein Kunde für einen besonderen Anlaß eine garnierte Wurstplatte bestellt, dann möchte er nicht einfach Wurst essen. Es geht ihm um einen erhöhten Genußwert, wobei das dekorative Element eine entscheidende Rolle spielt.

Das Auge ißt bekanntlich mit. Ein kaltes Büfett oder garnierte Platten sollen aber auch das Ansehen des Gastgebers stärken, seine Eßkultur widerspiegeln. Er möchte, daß seine Gäste das Gefühl haben: Hier wurde für das leibliche Wohl bestmöglich gesorgt.

Beziehen wir diese Faktoren bewußt in unsere Überlegungen zur Plattengestaltung mit ein, so wissen wir, worauf es bei einem Plattenservice im wesentlichen ankommt:

1. Wer mehr Geld ausgibt, möchte dafür eine sichtbar hohe Leistung.
2. Der Kunde möchte das Gefühl haben, in wirklich guten Händen zu sein. Es geht ihm um sein Ansehen.
3. In einzelnen Bereichen wünscht der Kunde eine fachkundige Beratung, um ganz sicher zu sein.
4. Eine qualitativ hochwertige Ware setzt der Käufer als selbstverständlich voraus. Er möchte eine geschmackvolle Aufmachung, die in seinen gesellschaftlichen Rahmen paßt.

Aus einer langjährigen Erfahrung sollte deshalb kein Plattengarnierbuch im üblichen Sinne geschaffen werden. Es geht vielmehr um praxisgerechte Arbeitshilfen, die zu einem zeitgemäßen Plattenservice führen sollen. Platten mit aufwendigen Aufbauten und verkünstelter Garnierung werden nicht gezeigt. Jedes Beispiel wurde aus der täglichen Legearbeit entwickelt, bei systematischem Vorgehen und einiger Übung lassen sich alle Platten rasch nachlegen. Für die eigene Phantasie und die individuelle Gestaltung einer Platte bleibt dabei genügend Raum.

Die vorgestellte Legetechnik zielt auf eine appetitanregende Warenpräsentation für alle Anlässe.

Die großformatigen Fotos geben eine beeindruckende Übersicht und zeigen alle wesentlichen Details. Die Texte sind prägnant und informativ. Damit präsentiert dieses umfangreiche Fachbuch das Plattenlegen von seiner schönsten Seite. Mit dieser Arbeitsunterlage macht Plattenlegen Freude.

Plattenlegen auf hohem Leistungsniveau steigert das persönliche Ansehen, verbessert die Konkurrenzfähigkeit und ist auch für den Kunden ein überzeugender Beweis des fachlichen Könnens. Das handwerkliche Können, das letztlich zur Handwerkskunst führt, war zu allen Zeiten der Schlüssel zum Erfolg.

Der Sinn der vorliegenden Arbeitsunterlage ist es, Anregungen zu geben und Erfahrungen mitzuteilen, die zur Arbeitsvereinfachung und Erleichterung führen. Außerdem soll gezeigt werden, wie sich mit wenig Mitteln viel Wirkung erzielen läßt.

Das Buch soll eine Arbeitsunterlage für die tägliche Praxis sein.

Es ist für alle gedacht, die sich mit dem Plattenlegen beruflich beschäftigen, die dabei immer wieder ein Quentchen mehr Leistung anstreben und die nach kreativen Anregungen suchen.

Zu diesem Vorhaben wünscht der Autor vollen Erfolg.

Konrad Jahnke

Inhaltsverzeichnis

Inhaltsverzeichnis

Der Plattenservice (I)

Garnierte Platten werden gerne für große und kleine Anlässe bestellt, am häufigsten für Hochzeiten, Kommunionen, Konfirmationen, Jubiläen, Empfänge und geschäftliche Feiern. Die Kundenwünsche reichen dabei von einer einfachen Platte bis hin zum anspruchsvollen Büfett.

Die Frage, ob ein ausgedehnter Plattenservice lohnt, läßt sich mit einem klaren Ja beantworten, wenn die nötigen organisatorischen Voraussetzungen erfüllt sind.

Mit wenig Aufwand viel Erfolg

Zunächst eine Feststellung: Eine garnierte Platte soll keinen Selbstzweck erfüllen, d. h., es sollen keine Kunstwerke geliefert werden.

Mit einer garnierten Platte wird beabsichtigt, Nahrungsmittel, vorwiegend Fleisch- und Wurstwaren, appetitlich angerichtet zu präsentieren.

Daß eine gewisse Fertigkeit, Gespür für Harmonie und etwas Phantasie dazugehören, ist selbstverständlich.

Diese Bereiche lassen sich aber durch Übung, kritisches Selbsturteil und ein systematisches Vorgehen in den Griff bekommen.

Es soll hier versucht werden, einige Möglichkeiten in dieser Richtung aufzuzeigen.

Vom gleichbleibenden Stil

Wer seinen Kunden einen Plattenservice anbietet, sollte versuchen, ein gleichbleibendes Niveau zu halten. Die für den Kunden sichtbare Leistung darf durch innerbetriebliche Umstände, wie Urlaub, Krankheit, Teilzeittätigkeit, keine Veränderungen erfahren. Nehmen wir an, daß in einem Betrieb durch längere Praxis eine Dame Platten besonders gut legen kann. Sie hat sich darauf spezialisiert, bekam Routine und konnte mit ihrer Legeart Erfolge ernten. Es liegt nahe, dieser Mitarbeiterin den Plattenservice anzuvertrauen. Nachteilig wäre es für das Unternehmen allerdings, wenn bei einem Ausfall dieser Mitarbeiterin die bestellten Platten in der gewohnten Aufmachung nicht geliefert werden könnten, weil anderen Mitarbeitern die nötige Fertigkeit noch fehlt. Denken wir an den Kunden: Er hat wenig Verständnis für innerbetriebliche Schwierigkeiten. Der Kunde möchte eine ebenso schöne Platte, wie schon einmal bestellt. Die Aufmachung der Platte zählt hier als Qualitäts- und Leistungsbeweis. Das gleiche gilt für größere Aufträge, die eine Person allein nicht bewältigen kann.

Plattengarnieren darf deshalb nicht zur Domäne einzelner Könner bzw. zum ungeliebten Kind der übrigen Mitarbeiter werden.

Ein sorgfältig aufgebauter Plattenservice bringt Erfolg, wenn er sich auf eine breite Basis geschulter Mitarbeiter stützen kann. Für Ausstellungen und besondere Anlässe kann dieser Grundsatz durchbrochen werden. Hier haben die größten Könner Vorfahrt!

Für die tägliche Praxis gilt dagegen, so viele Mitarbeiter wie möglich mit dem Plattenlegen vertraut zu machen und einen einheitlichen Stil zu finden. Das läßt sich durch häufiges Legen und praktische Anleitungen erreichen. Eine stets abrufbare und gute Durchschnittsleistung ist der sichere Weg zum Erfolg.

In diesem Zusammenhang müssen wir auch an den Zeitaufwand als erheblichen Kostenfaktor denken.

Das Legen einer Platte sollte deshalb nicht augenblicklichen Einfällen oder zufallsbedingten Umständen überlassen werden. Notwendig ist eine klare Vorstellung, wie das Endprodukt aussehen soll. Jedes andere Vorgehen ist zu zeitaufwendig und stört die Geschlossenheit der Leistung. Kunden „verlieben" sich in bestimmte Platten oder Aufmachungen. Sie möchten bei Nachbestellungen keine Abweichungen, besonders dann nicht, wenn im Freundes- oder Familienkreis von einer bestimmten Platte geschwärmt wurde. Hier stoßen wir auf den Prestigebereich des Kunden, der nicht verletzt werden darf.

Jede Leistungsschwankung bzw. deutliche Abweichung kann zu Verärgerungen führen und wäre damit eine negative Werbung für den Plattenlieferanten. Erfahrungsgemäß lassen sich mit 8 Plattengrundtypen nahezu alle Kundenwünsche befriedigen.

Dazu eine kurze Aufzählung:

2 Standardplatten für Vorspeisen mit Fisch bzw. Rohschinken.

4 Hauptplatten mit Aufschnitt, Kochpökelwaren und Braten.

1 Spezialitätenplatte.

1 Käseplatte.

Bei größeren Personenzahlen können die Platten in gleicher Art mehrmals geliefert werden. Die Unterschiede des Materials sorgen ohnehin für ausreichende Abwechslung. Gleichförmigkeit ist also nicht zu befürchten.

Diese Platten werden von allen am Plattenservice beteiligten Mitarbeitern immer wieder in gleicher Art gelegt. Legen und Garnieren werden rasch zu problemlosen Routinearbeiten. Das hat folgende Vorteile:

1. Mit zunehmender Häufigkeit wird die Platte immer perfekter.
2. Es sind keine zeitraubenden Überlegungen nötig, welches und wieviel Material gelegt werden soll.
3. Die Garnierung ist klar und bereitet keine Schwierigkeiten.
4. Jeder am Plattenservice Beteiligte kennt die Platte genau und kann sie in kurzer Zeit legen.
5. Alle notwendigen Zutaten können stets und in ausreichender Menge vorrätig sein.
6. Die Verständigung mit der Kundschaft wird erleichtert, weil jeder weiß, um welche Platte es geht.

Fortsetzung Seite 13

Kleine runde Platte mit gemischtem Aufschnitt

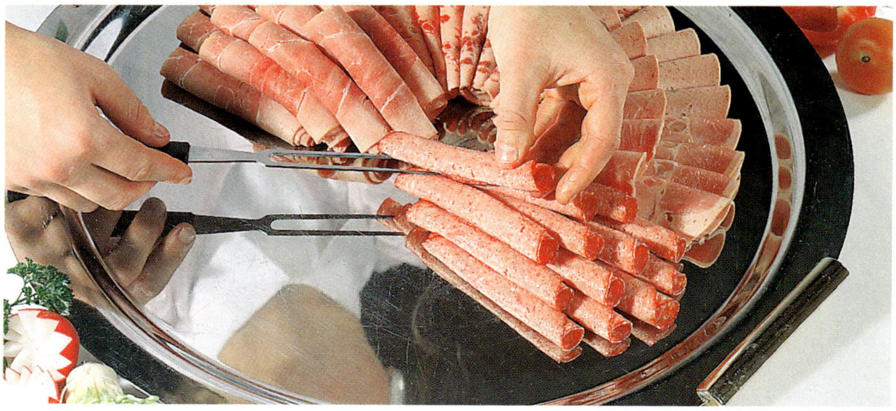

Sie kann für den Muttertag, für ein Sektfrühstück, ein Damenkränzchen oder einen kleinen Empfang angeboten werden.

Gliederung

Sie wird von außen nach innen, in Kreissegmenten gelegt. Der Mittelpunkt bleibt der Garnierung vorbehalten, die anlaßbezogen wechselt. Auch die Wahl der Ware richtet sich nach den Wünschen des Käufers.

Legetechnik

Die Legetechnik orientiert sich an einer Mittelachse. Mit dem Legen wird am Rand begonnen, wobei die Schinkenröllchen zuerst auf die Platte kommen. Die anderen Wurstsorten folgen dann, übereinandergeklappt, in zwei Reihen.

Die Bierwurstscheiben werden gerollt und entgegengesetzt zum Kochschinken aufgelegt.

Die Salamischeiben werden zu Tütchen gerollt und zu einem Bukett arrangiert.

Garnierung

Gefächerte Salatgurken mit feingehackten Wachteleiern, Kräuterstrauß als Abschluß.

Der Plattenservice (II)

So wie der Spitzensportler auf ein bestimmtes Ziel hin trainiert, so muß auch beim Plattenservice die Leistung durch stetes Üben verbessert werden.

In der Praxis hat sich folgendes Vorgehen bewährt: Um eine klare Linie zu schaffen, werden die für den Plattenservice als „Standard" ausgewählten Platten mehrmals gelegt und leicht variiert, um die günstigsten Möglichkeiten herauszufinden. Diese Vorarbeit lohnt, weil sie Meinungsverschiedenheiten ausräumen hilft und zu rationellen Legearten führt.

Die Platten werden dann selbst oder von einem Fachmann fotografiert. Von den Negativen kommen jeweils 2 Abzüge 13 x 18 cm in Mappen. Die Aufnahmen werden dazu auf ein Blatt Papier geklebt und in eine Plastikhülle eingeschoben. Wenn die Fotos rechts liegen, dann kann auf der gegenüberliegenden linken Seite der Text eingeschoben werden. Es sollen folgende Angaben gemacht werden:

1. Menge, gewichtsmäßig, Warenart
2. Zahl der benötigten Wurstscheiben pro Sorte
3. Art der Platte
4. Art der Garnierung
5. Benötigte Hilfsmittel
6. Arbeitszeit
7. Preis der Platte
8. Personenzahl

Damit haben Sie ein „internes Plattenalbum" oder, besser gesagt, eine eindeutige Arbeitsanleitung geschaffen. Nach diesen Vorlagen haben sich alle Mitarbeiter, vor allem Neuzugänge, zu richten. Für Filialen und Betriebe mit größerer Belegschaft sind mehrere Plattenalben zweckmäßig.

Nach dem gleichen Prinzip werden die Fotos in eine Plastikmappe für den Verkauf gelegt. Die Angaben werden hier nach den Wünschen des Kunden gemacht. Es interessieren vor allem die Warenmenge, ausreichend für wieviel Personen, für welchen Anlaß am besten geeignet und der Endpreis.

Oftmals ist es so, daß Kunden in den Laden kommen, um eine Platte zu bestellen, ohne allerdings eine klare Vorstellung über den Umfang bzw. die benötigte Menge und die Art der Platte zu haben. Sie sagen oft: „Und dann möchte ich noch 2 Scheiben von der Wurst und noch etwas davon, und vielleicht können Sie auch noch 2 Stückchen von der Rohpolnischen dazulegen. Mein Mann ißt sie so gern."

Eine Platte nach diesen Kundenwünschen zu legen und einen harmonischen Gesamteindruck zu erreichen, das ist praktisch kaum möglich. Im Endeffekt wären Auftraggeber und Auftragnehmer nicht zufrieden.

Ein Foto kann hier viel helfen. Die Verständigung wird vereinfacht wenn die Kunden im „Plattenalbum" die Platten auswählen können, die ihnen am besten gefallen.

Die Absprache konzentriert sich dann auf wenige Details, wie z. B. die voraussichtliche Personenzahl, die dafür benötigten Mengen, eventuelle Änderungen oder Ergänzungen der Wurstarten.

Da noch die Anschrift des Kunden, die Zeit der Anlieferung und weitere Einzelheiten notiert werden müssen, ist die Verwendung einer Checkliste praktisch und zeitsparend.

Die Checkliste kann gleichzeitig Lieferschein sein. Eine sorgfältige Auftragsentgegennahme suggeriert dem Kunden, wie sehr wir uns um seine Wünsche kümmern, und erspart nachträglichen Ärger.

Die Zusammenstellung der Fragen bewährt sich aber noch in einer anderen Hinsicht. Viele Kunden denken nicht daran, daß neben den Platten noch ausreichend Geschirr, Vorlegegabeln, Salate, Saucen, Brot und Brötchen benötigt werden. Das systematische Abfragen klärt die Situation und eröffnet manche Chance, noch zusätzlich etwas mitzuliefern.

Wenn mit dem Lieferschein noch eine entsprechende Werbeaussage verbunden wird, z. B. „garnierte Platten und alle Beilagen zum Gaumenschmaus", so werden die Kunden den zusätzlichen Service im Spezialitätenbereich bestimmt gerne nutzen.

Die Praxis zeigt, daß es viele Anlässe gibt, z. B. Empfänge der Stadtverwaltung, Feiern in Schulen, Veranstaltungen von Verbänden, für die ein kaltes Büfett mit Dekoration erwartet wird. Dazu gehören Tischschmuck und Blumen, oftmals sogar das Personal als Büfetthilfe.

Da in den Plattenservice auch Grill- und Gartenfeste sowie Partys aller Art einbezogen werden müssen, erschließt sich vor uns ein breiter Aktionsraum.

So mancher Fleischermeister hat als „Grill-Master" sein Wochenende geopfert, um einem illustren Kundenkreis fachmännisch zubereitete gegrillte Fleisch- und Wurstspezialitäten anzubieten.

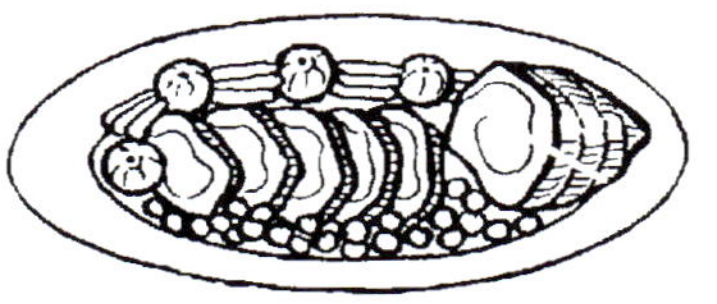

Gemischter Aufschnitt auf Holzbrett

„Klein, aber fein“ könnte das Motto für diese Platte lauten. Eine rustikale Platte für den kleinen Anlaß, die elegant und appetitanregend wirkt. Das Arrangement, das sich rasch verwirklichen läßt, sollte als Standardplatte nicht fehlen. Die gleiche Warenanordnung läßt sich jedoch auch auf einer Silber- oder Schieferplatte attraktiv präsentieren.

Gliederung

Die Anordnung geht von einer Mittelachse aus und sieht eine symmetrische Legetechnik vor. Der Mittelpunkt bleibt für die Garnierung vorbehalten.

Legetechnik

1. Brühwurstscheiben einzeln übereinandergelegt, reihenweise vom Rand zum Mittelpunkt angeordnet.
2. Rohschinkenscheiben einzeln gefaltet und als Bukett angeordnet.

Garnierung

Für die optische Belebung sorgen Tomaten und ein Kräuterstrauß. Die Gurkenscheiben wurden zur farbigen Auflockerung untergeschoben.

Plattenlegen bedeutet, verschiedene Dinge nach einem bestimmten Prinzip zu ordnen. Eine dekorativ gestaltete Platte sollte daher nie ein Zufallsprodukt sein, sondern das Ergebnis vorangegangener sachbezogener Überlegungen.

Für welchen Stil sich der einzelne dabei entscheidet, bleibt allein ihm überlassen.

Da im Vordergrund des Plattenlegens wirtschaftliche Überlegungen stehen, ist es sehr wichtig, die Komponenten Arbeitszeit und dekorativer Aufwand genau unter die Lupe zu nehmen. Materialwert und Endpreis müssen in einer akzeptablen Relation zueinander stehen, damit die Platten gekauft werden.

Es erscheint deshalb sinnvoll, an das Plattenlegen mit System heranzugehen. Eine Uniformierung ist dabei nicht zu befürchten. Material, Dekorationsmittel und die Art der Platten bieten so viele Variationsmöglichkeiten, daß jede Arbeit anders ausfällt. Mit Recht wird in vielen Fällen von einem persönlichen Stil oder einer besonderen Note gesprochen.

Bei dieser Komposition kommt es darauf an, daß die Zusammenstellung der einzelnen Wurstsorten ein buntes Bild ergibt.

Einführung in die Systematik des Plattenlegens (I)

Auch in diesem Buch zeichnet sich eine bestimmte Art des Garnierens ab. Die Hauptforderung heißt: Die Platten sollen in kurzer Zeit mit wenig Aufwand so gestaltet werden, daß jede Scheibe Wurst, alle Fleischwaren und Beilagen ihre materialspezifische Eigenart beibehalten.

Die Platten werden deshalb betont sachlich gestaltet, die Dekoration bewußt sparsam gewählt.

Mit dieser grundsätzlichen Einstellung hat der Autor seit Jahren die Entwicklung mitgeprägt.

Heute kann gesagt werden: Die sachliche Plattengestaltung hat sich durchgesetzt. Sie entspricht unserem Zeitgeschmack.

Wenn Sie die Abbildungen betrachten und die Platten nachlegen möchten, so brauchen Sie sich nicht sklavisch an die Vorlagen zu halten. Es ist sehr schwer, eine Platte ganz genau nachzulegen. Das soll auch nicht das Ziel der Bilder sein.

Viel wichtiger ist es, das Ordnungsprinzip zu erkennen, die Idee aufzunehmen und einen eigenen Stil zu entwickeln.

Sie wollen doch stolz auf eine persönliche Leistung sein. Die für dieses Buch ausgewählten Beispiele können und wollen nur anregen.

Der Anfang einer Platte

Zunächst müssen Sie mit sich selbst klären, ob Ihnen eine etwas strengere Anordnung oder eine freizügigere Gestaltung mehr liegt. Neigen Sie zu einer freien Gestaltung, dann lohnt es auch, die strenge Legeart zu praktizieren. Oft liegt die Wurzel des Erfolgs im Kompromiß. Es kann sogar dazu geraten werden, die eigenen Ideen auf Papier zu skizzieren, d. h. die Platten zunächst in Gedanken zu legen. Dieses Vorgehen ist sinnvoll, wenn Sie ganz am Anfang einer Platte stehen oder eine bereits eingefahrene Plattenart modifizieren möchten.

Sind Sie sich über den Grundaufbau der Platten klargeworden, dann stehen Sie vor dem nächsten Schritt. Sie müssen prüfen, ob die Platte die Wünsche des Auftraggebers erfüllt.

1. Für welchen Anlaß ist die Platte gedacht?
2. Wie viele Personen sollen bewirtet werden?
3. An welche Beilagen wurde gedacht?
4. Wieviel soll die Platte kosten?
5. Wurden bestimmte geschmackliche Wünsche geäußert?

Zu diesen Fragen kommen noch weitere Überlegungen dazu.

1. Welches Material steht zur Verfügung?
2. Auf welche Platte soll es gelegt werden?
3. Welche natürlichen Farbkontraste ergeben sich durch die Eigenart des Materials?
4. Wie läßt sich der optische Gesamteindruck steigern?
5. Welche Beilagen passen dazu?
6. Wieviel Ware und welche Sorten müssen wann geschnitten werden?
7. Wie soll die Garnierung aussehen?
8. Wann muß die Platte geliefert werden, oder wird sie abgeholt?

Wenn Sie diese Vorüberlegungen abgeschlossen haben, können Sie das nötige Material auswählen bzw. vorschneiden.

Gehen Sie von einem Bedarf pro Person von etwa 150 g Aufschnitt aus, bestehend aus Brühwurstsorten, Schinken, Pasteten und Braten. Die Zusammenstellung sollten Sie mit dem Auftraggeber klar absprechen.

Zu dieser Grundplatte sollten noch etwa 100 g Salate und 50 g Käse pro Person serviert werden, wenn die Gäste nicht hungrig aufstehen sollen.

Die angegebenen Mengen mögen dem Kunden vielleicht hoch erscheinen. Von appetitlich angerichteten Fleisch- und Wurstplatten wird aber erfahrungsgemäß mehr verzehrt.

Raten Sie deshalb Ihren Kunden, die Menge nicht zu knapp zu bemessen.

Zum Material

Wählen Sie für die Plattengestaltung nach Möglichkeit Würste mit gleichem Kaliber. Große und kleine Scheiben harmonisch anzuordnen, erfordert schon einige Erfahrung.

Wichtig ist auch die Entscheidung, wie dick die Scheiben sein sollen. Das hängt von der Wurstart ab, und wie Sie die einzelnen Scheiben legen möchten. Sie können die Wurst-, Braten- oder Schinkenscheiben rollen, übereinanderklappen, flach legen, raffen oder zu Tütchen formen.

Prüfen Sie innerhalb Ihres Sortiments, welche Wurstsorten wie am besten halten und wirken.

Grundsätzlich sollte vor dem Aufschneiden der Darm entfernt werden.

Eine Ausnahme bilden rustikale Wurstsorten, wie z. B. grobe Leberwurst oder Blutwürste im Naturdarm.

Bei diesen Sorten wird der Darm nicht entfernt, weil er das Aussehen entscheidend mitbestimmt.

Grundsätze des Plattengestaltens

Prinzipiell können wir von 3 Plattenformen ausgehen:

1. Runde Platten
2. Ovale Platten
3. Rechteckige Platten

Fortsetzung Seite 17

Gemischte Aufschnittplatte

Eine rechteckige Metallplatte, die auch von weniger geübten Kräften in kurzer Zeit gelegt werden kann. Sie darf als Standardplatte angesehen werden, die einzeln oder im Rahmen eines Büfetts ihre Berechtigung hat.

Gliederung

Die Anordnung orientiert sich an der Mittelachse. Die Wurstscheiben werden einzeln vom Rand zur Mitte gelegt. Koch- und Rohschinken bilden als Segmente eine Unterbrechung der Linienführung, wobei die Salamischeiben ein dekoratives Element bilden.

Legetechnik

Bei dieser Platte werden vier Legetechniken angewandt:

1. Flache Scheiben umgeklappt und treppenförmig gestaffelt.
2. Kochschinkenscheiben, gerollt.
3. Rohschinkenscheiben, gerafft.
4. Salamischeiben, flach übereinandergelegt.

Garnierung

Die Garnierung vollendet die Platte und wurde bewußt in die Mitte gelegt. Den farblichen Kontrast bilden Gurkenrosen und gefederte Tomaten. Für den Übergang sorgen halbierte Gürkchen sowie Kräusel- und Blattpetersilie.

Einführung in die Systematik des Plattenlegens (II)

Die Platten können aus Metall, Holz, Keramik, Glas oder Schiefer sein, um die gebräuchlichsten Materialien zu erwähnen.

Von der Art und Größe der Platten aus gesehen, ergeben sich für die Anordnung 2 grundsätzliche Möglichkeiten:

1. die symmetrische und

2. die asymmetrische.

Für die Praxis ergeben sich in beiden Bereichen unendlich viele Möglichkeiten, wobei noch die Kombination beider Legearten hinzukommt. Die schematische Darstellung der beiden Anordnungsmöglichkeiten ist nicht als zwingendes Muß zu verstehen. Sie soll lediglich die Grundprinzipien deutlich machen.

Schauplatten

Eine gewisse Sonderstellung nehmen Schauplatten ein. Sie können im Dekor üppiger sein und müssen sich nicht so streng nach den Grundregeln für Platten orientieren, die zum Verzehr bestimmt sind.

Ein Beispiel dazu, um keine Mißverständnisse aufkommen zu lassen: Zu einem Rehrücken werden auf einer Platte 5 halbierte Birnen mit Preiselbeerfüllung als Beilage gelegt. Aufgeschnitten wurden aber 8 Portionen Rehrücken. Für eine Schauplatte wäre das zu akzeptieren. Es soll ja nur der Zusammenhang zwischen Braten und Beilage gezeigt werden.

Bei einer Verzehrplatte wäre das dagegen ein grober Fehler, weil der Gastgeber in Verlegenheit kommt, wenn nicht jeder Gast zu seinem Bratenstück die passende Beilage erhält.

Hier, wie beim Plattenlegen überhaupt, geht es um allgemeingültige kulinarische Regeln, die beachtet werden müssen, wenn der Plattenservice Erfolg haben soll.

Zur symmetrischen Anordnung

Der Begriff der Symmetrie wird in der Geometrie häufig verwendet. Er meint eine spiegelbildliche, seitengleiche Flächenaufteilung entlang einer Achse. Als einfachste Grundformen bieten sich an: der Kreis, das Kreuz, das Oval, Streifen oder Schachbrettmuster, auch quadratische und rechteckige Formen.

Symmetrische Grundformen wirken ruhig, ausgeglichen. Sie sind zum Mittelpunkt oder zu einer Achse hin orientiert. Die symmetrische Anordnung kann für runde, ovale und rechteckige Platten angewandt werden. Bei naturbedingt unregelmäßig geformten Platten, wie Holzbrettern, muß sich die Warenanordnung nach der Form der Platte richten. Dadurch wird es oft notwendig, die Symmetrie etwas aufzugeben. Das muß aber kein Nachteil sein. Oft ist es ausdrucksmäßig ein Gewinn, solange das Legekonzept klar erkennbar bleibt.

An diesem Punkt berühren wir allerdings bereits die Grenzen des persönlichen Geschmacks, der individuellen Auffassung, die sehr unterschiedlich sein kann und keinesfalls eingeengt werden sollte.

Eine symmetrische Anordnung ist zweckmäßig und legetechnisch einfach. Sie geht von einem Blickfang aus, der in der Mitte der Platte oder am Rande liegen kann. Die Ware wird um diesen Blickfang seitengleich angeordnet.

Diese Legemethode bietet zahlreiche Vorteile und wird in der Praxis sehr häufig angewandt:

1. Es lassen sich große und kleine Platten nach dem gleichen System gestalten.

Fortsetzung Seite 19

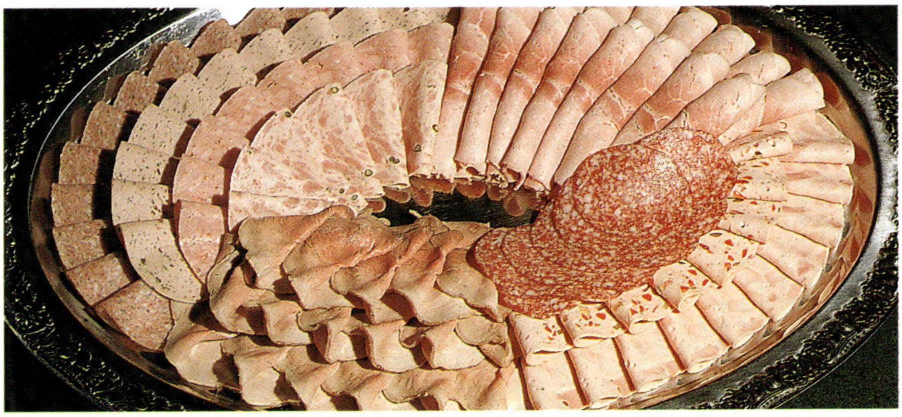

Bauernplatte

Die Platte ist rustikal, deftig zusammengestellt. Sie eignet sich für einen Bierabend, ein ungezwungenes Treffen unter Freunden, für eine Skatrunde und zu den verschiedensten familiären Anlässen.

Die Wurstauswahl kann je nach den Wünschen der Kunden variieren.

Gliederung

Orientiert an der Mittelachse mit einem Schwerpunkt am Ende des Bretts, bedingt durch die Brettform. Die eigentliche Mitte blieb dann für die abschließende Garnierung ausgespart.

Legetechnik

Die Legetechnik berücksichtigt die schmäler zulaufende Brettform.

1. Begonnen wurde mit halbierten Fleischkäsescheiben, an die sich übereinandergeklappte Bratenscheiben anschließen.
2. Sülz- und Rotwurstscheiben wurden geteilt und flach gelegt.
3. Zur Auflockerung werden die Rohschinkenscheiben gefaltet und die Salamischeiben zu Tütchen geformt. Sie erhöhen den Aufbau. Die Hausmacher-Leberwurst schließt als Segment die Reihe ab.

Garnierung

Den Blickfang bilden die Radieschen und die Lauchgarnitur. Der optische Eindruck wird durch das dunkelgrüne Kräutersträußchen gesteigert. Für die Garnierung können auch Tomaten und Gurken gewählt werden.

Einführung in die Systematik des Plattenlegens (III)

2. Die Ware kann ganz nach Bedarf enger oder mit größerem Abstand von Scheibe zu Scheibe gelegt werden, d. h., es läßt sich auf der gleichen Platte mehr oder weniger Ware optisch attraktiv anordnen.
3. Der Blickfang bzw. die Dekoration bleiben unverändert.
4. Die Legetechnik bleibt immer gleich. Die Wurstarten können wechseln.
5. Symmetrisch gelegte Platten wirken harmonisch und ermöglichen eine klare Linienführung.
6. Wenn mehrere Personen am Plattenservice beteiligt sind, läßt sich mit symmetrischen Anordnungen ein gleichbleibend hoher Leistungsstandard leichter halten.

Zur asymmetrischen Anordnung

Mit zunehmender Fertigkeit und Erfahrung wird die Plattengestaltung freier. Der symmetrische Plattenaufbau kann in eine asymmetrische Legeweise übergehen. Die asymmetrische Plattengestaltung erfordert aber ein sicheres Gefühl für Flächenaufteilung sowie einiges Geschick, um die Übergänge von Sorte zu Sorte sowie die Ecken harmonisch abzuschließen.

Jede Anordnung mit ungleichen Seiten lebt aus dem Gegensatz, der Spannung einzelner Teile zueinander. Das Auge wird durch einen Blickpunkt, den Farbkontrast oder eine ausgeprägte Linienführung gefesselt.

Ausdrücklich sei deshalb festgestellt, daß die hier gezeigte Stilrichtung nur ein Weg unter vielen ist, allerdings ein gangbarer Weg.

Die vorgeschlagene Legetechnik fußt im wesentlichen auf folgenden Überlegungen:

1. Auf jeder Platte soll die Eigenart der Ware deutlich erkennbar sein, wenn möglich hervorgehoben werden. Der Gesamteindruck muß dabei appetitanregend wirken.
2. Die Ware soll so angeordnet sein, daß jeder Gast leicht zugreifen kann, ohne den Aufbau zu zerstören.
3. Da Platten meist auf einem Tisch stehen, um den sich die eßlustige Gesellschaft gruppiert, sollte jede Seite der Platte optisch in gleicher Weise ansprechend sein.
   Eine symmetrische Anordnung bietet hier die besten Voraussetzungen.
4. Einseitige Blickfänge oder Aufbauten sind angebracht, wenn die Platte nur aus einem bestimmten Blickwinkel betrachtet werden kann, z. B. bei einem zur Wand ausgerichteten kalten Büfett.
5. Dekoration und Ware sollen in einem ausgewogenen Verhältnis stehen und zueinander passen. „Lückenbüßer" ohne Beziehung zur Ware bzw. zur Warenmenge sind sinnlos.
6. Alle Zutaten sollen eßbar sein und zu der gelegten Ware eine geschmackliche Ergänzung bilden, z. B. Sahnemeerrettich zur Pökelzunge, Früchte zu Wild.
7. Artfremde Zutaten und raffinierte Aufbauten mögen attraktiv wirken. Sie erfüllen die Forderung nach einer essensnahen Präsentation der Ware jedoch nur in seltenen Fällen.

Ausführung

1. Platten lieber zu groß als zu klein nehmen.
2. Plattenrand freilassen.
3. Ware übersichtlich anrichten.

Notizen für die Bestellung

1. Für wie viele Personen?
2. Zum Imbiß oder zum Abendessen?
3. Wie viele Platten (Platzfrage)?
4. Sind es verwöhnte, empfindliche oder hungrige Gäste?
5. Welche Garnierung ist für den Anlaß angebracht?
6. Wichtige Voraussetzung für verlockend dekorierte Platten sind einwandfrei geschnittene Scheiben. Ob Rauchfleisch, Roastbeef, Pasteten, Braten, Zunge, gekochter oder roher Schinken, Wurst, Kasseler oder Käse: Die Konturen müssen klar erhalten bleiben.
7. Bieten Sie Ihren Plattenservice deutlich in der Auslage an: für Partys, kleine Geschäftsessen und Familienfeiern. Damit Sie neue Kunden gewinnen!

Winzervesper

Diese gemischte Platte ist für 4 bis 5 Personen gedacht. Der Anlaß könnte eine Skatrunde oder der Besuch guter Freunde sein, die rustikale Spezialitäten bevorzugen. Die Platte kann in kürzester Zeit gelegt werden und ist deshalb auch für Überraschungsbesuche geeignet.

Zur Auswahl stehen: grobe Leberwurst, Thüringer Rotwurst, Jagdwurst, Rohschinken sowie grober Fleischkäse, Schweinskopfsülze und Pfefferblutwurst.

Die Gurken und Radieschen wurden bewußt unzerteilt angeordnet, die Platte sollte deftig wirken.

Gliederung

Die Wurstsorten werden vom Rand zur Mitte hin angeordnet. Der herzförmige Umriß bietet diese Legeform an. Im Gegensatz zu der sonst empfohlenen Legeart, reihenweise von außen nach innen vorzugehen, wird die Ware hier in mehreren Sektoren angeordnet.

Diese Gliederung schafft eine gute Übersicht und ist gleichzeitig das Legeprinzip. Garniert wird zwischen den Sektoren, wobei unterschiedliche Abstände leicht zu überbrücken sind.

Legetechnik

1. Rohschinkenscheiben, gefaltet.
2. Fleischkäsescheiben, übereinandergelegt.
3. Sülzen in 1 cm dicken Scheiben, übereinander angeordnet.
4. Grobe Leberwurst in Scheiben, leicht überdeckt.
5. Thüringer Rotwurst, übereinandergeklappt.
6. Jagdwurst in Scheiben, flach übereinandergelegt.
7. Pfefferblutwurst in handlichen Portionsstücken, aufgestellt.

Garnierung

Das kräftige Rot der Radieschen bestimmt den Blickfang, gesteigert durch das Grün der Petersilie.

Das weiche Grün der Gurken und das Gelb der Maiskolben unterstreichen die Gliederung und lassen die Dekoration zum Rand hin ausklingen.

Grundformen der Plattengestaltung

Symmetrische Anordnung

Asymmetrische Anordnung

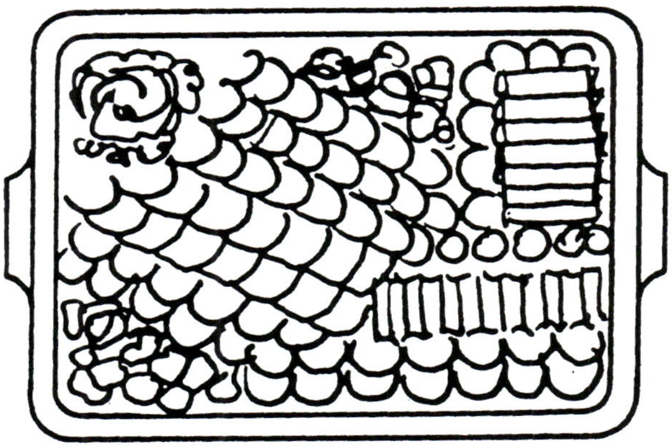

Bauernvesper

Die Platte könnte ebensogut „Holzfäller-Brotzeit", „Wanderimbiß", „Radlerplatte" oder auch „Familienplatte" heißen.

Das Wesentliche: Sie ist unkompliziert und kann die verschiedensten Wurstsorten enthalten. Wenn es ganz deftig zugehen soll, dann gehören Schwartenmagen und Backleberkäse dazu. Wer Hunger hat, darf kräftig zulangen. Wer keinen Appetit hat, wird ihn sicher bekommen.

Der Vorteil der demonstrierten Legetechnik: Auf dieser Platte wird die Wurst übersichtlich angeordnet, wobei es möglich ist, mit wenig Ware und größeren Legeabständen zu arbeiten. Ebenso ist es aber möglich, durch dichteres Legen eine größere Warenmenge unterzubringen.

Gliederung

Gedanklich ist die Platte symmetrisch konzipiert, wobei die großflächige Ware eine gewisse Segmentierung schafft. Diese Tatsache durchbricht das Prinzip nicht. Es ist eine gewisse Auflockerung, die angenehm und keinesfalls als störend empfunden wird. Interessant ist die stückige Anordnung der Balkanwürstchen, die sich durch ihre Höhe abheben.

Legetechnik

1. Schweinskopfsülze, Leber-, Blut- und Schinkenfleischwurst in flachen Scheiben, nicht zu dünn geschnitten, gelegt.
2. Balkanwürstchen stückig, dachziegelartig übereinandergeschichtet.

Garnierung

Die Garnierung unterstreicht die Segmente. Maiskölbchen, halbiert oder ganz, rohe Gurken, in Scheiben, süßsaure Gurken, gefächert. Als Abschluß ein Gemüsebukett mit Oliven, Gurken, Paprika und Blumenkohl in einer halbierten grünen Paprikaschote. Das Bukett wurde mit gefederten Tomaten und Petersilie umlegt.

Ohne Änderung der Legetechnik kann die Platte auch mit Ananas, Orangenscheiben und Melonenstückchen garniert werden.
Diese Platte eignet sich auch hervorragend als Blickfang für die Theke. Wesentlich ist bei dieser Platte die werbliche Aussage. Sie zeigt ein breitgefächertes Angebot, das zum Kauf anregt.

Hinweise zum Garniermaterial (I)

Ananas

Kühlschiffe und kurze Transportzeiten ließen die Ananas bei uns zu einer Selbstverständlichkeit werden.

Es ist eine repräsentative Frucht, die aus Kalifornien, Kenia und anderen tropischen Gegenden kommt. Am besten eignen sich Ananas in Scheiben oder aus der Dose im eigenen Saft.

In dieser Form können ganze Scheiben, Hälften oder Teilstückchen zur Garnierung dienen.

Kirschen, Mandeln und Nüsse bieten gute Kontraste. Frische Ananas werden dick geschält und in Scheiben geschnitten, der harte Kern wird ausgestochen. Eine Ananas kann aber auch geviertelt, ausgeschnitten und mit Fruchtstückchen gefüllt serviert werden.

Der Ananas-Cocktail gewinnt, wenn Sie etwas Rum, Triple Sec oder einen Schuß Curaçao dazugeben.

Bei Ananas mit Blättern, auch bei Teilstücken, müssen die Blattspitzen sorgfältig gewaschen und zugeschnitten sein.

Gurken

gehören, süß-sauer eingelegt, als Cornichons oder Salzgurken, zu willkommenen Beilagen und Garniermitteln.

Am häufigsten sind ganze Gürkchen, Fächer, Scheiben oder Längsstreifen, wobei ein Messer mit gewellter Klinge zu interessanten Mustern beiträgt. Das muß aber nicht sein. Wir schätzen eine natürliche Garnierung und nutzen das Grün der Gurken als willkommenen Kontrast zum Pökelrot der Wurst.

Kaviar

Ihm haftet das Exquisite, Teure an. Unwillkürlich denken wir an illustre Gesellschaften, glanzvolle Empfänge. Dabei ist Kaviar nur der Rogen des Störs.

Frisch ist Kaviar hell und fast durchsichtig. Das dunkle Aussehen erhält er durch die Weiterbehandlung, den Salzgeschmack durch Zusatz von 5 bis 15 % Kochsalz zur besseren Haltbarkeit. Die Hauptlieferanten sind Rußland und Rumänien.

Am beliebtesten ist der weniger gesalzene, großkörnige Beluga-Malossol-Kaviar. Er ist nicht nur eine Delikatesse, sondern eine echte Kostbarkeit.

Für weniger anspruchsvolle Anlässe genügt Kaviarersatz. Dieser wird aus Dorsch-, Herings- oder Lachsrogen gewonnen, wie z. B. der rötliche Keta-Kaviar.

Kürbis

Als Großmutter noch frische Kürbisstücke in Zucker-Essig-Wasser einlegte, war er als Beilage zu Fleischgerichten und Wurst verbreitet.

Da die Zubereitung dieser Riesenfrüchte zeitraubend ist, geriet der Kürbis in Vergessenheit. Heute erhalten wir ihn fix und fertig zubereitet im Glas, süß-sauer eingelegt.

Er harmoniert geschmacklich zu allen Fleischspezialitäten, zu Braten, Wurst und Schinken. Besonders interessant sind Kürbisstückchen auf Wurst- oder Käsespießen, schon der Farbe wegen.

Maiskölbchen

Der Mais kam aus Mexiko zu uns. Während die reifen Maiskolben geröstet oder gekocht verzehrt werden, marinieren wir die kleinen, unreifen Maiskölbchen in Essig. In jedem Glas Mixed Pickles sind Maiskölbchen enthalten. Sie werden ganz, halbiert oder in Scheiben für Garnierzwecke eingesetzt.

Paprika

Er kann zum Gemüse oder zu den Gewürzen gezählt werden. In jedem Falle gehört er aus geschmacklichen und farblichen Gründen zum I-Tüpfelchen der kalten Küche. Es gibt grüne, gelbe und rote Schoten. In dieser Reihenfolge reifen die Paprikaschoten, ähnlich wie Tomaten, die anfangs ebenfalls grün sind.

Seine Schärfe verdankt der Paprika dem Capsaicin, das vor allem in den Scheidewänden und Samen vorhanden ist. Sie müssen für Garnierarbeiten sorgfältig entfernt werden. Paprikaschoten lassen sich füllen, in Ringe, Streifen oder Stücke schneiden. Sie sind im Salat willkommen, beleben Wurst- und Schaschlikspieße.

Anstelle von frischem Paprika können auch marinierte Schoten verwendet werden. Paprika paßt zu Wurst, Braten, Fleischklopsen, Sülzen und Käse.

Oliven

Sie werden meistens als grüne oder schwarze Oliven angeboten. Viele von ihnen sind entkernt und mit Paprikastückchen oder Mandeln gespickt.

Das macht sie attraktiver und zum Essen bequemer. Zum Garnieren werden Oliven ganz, in Scheiben oder halbiert verwendet.

Petersilie

Zum Garnieren eignet sich am besten Mooskrause, eine Schnittpetersiliensorte. Das Grün der gekräuselten Blätter schafft einen appetitlichen Kontrast zu Wurst und Fleisch.

Die Petersilie wird sorgfältig gewaschen, abgetropft und dann sowohl büschelweise als auch blättchenweise verwendet. Für bestimmte Fälle eignet sich auch Blattpetersilie, wenn es darum geht, einzelne Blättchen als Dekoration einzusetzen.

Fortsetzung Seite 25

Gemischte Aufschnittplatte

Eine Platte für jeden Anlaß, die rasch gelegt werden kann. Die Warenzusammenstellung läßt sich auf die Wünsche der Kunden abstimmen, ebenso die Warenmenge. Eine Platte, die in der Praxis nicht so exakt gelegt werden muß und die trotzdem wirkt.

Ein Tip für den Wurstverkauf

Der Kunde erwartet im Wurstsortiment eine reiche Auswahl und hohe Qualität. Weil er sich zwischen den vielen unterschiedlichen Wurstsorten aber oft nicht entscheiden kann, sollte man ihm eine kleine Hilfestellung geben. Appetitlich hergerichtete Wurstplatten können ihm eine Anregung für seinen Einkauf geben. Eine versierte Fachverkäuferin sollte dabei ihr geschicktes Händchen unter Beweis stellen.

Gliederung

Die Anordnung orientiert sich an der Diagonalen, wobei die gefaltete Ware für Abwechslung und eine gewisse dekorative Wirkung sorgt.

Der Mittelpunkt ist für die Dekoration vorgesehen.

Legetechnik

1. Brühwurstsorten, übereinandergeklappt, in zwei Reihen treppenförmig gelegt.
2. Koch- und Rohpökelwaren, gefaltet.
3. Schlackwurst, zu Tütchen geformt.

Garnierung

Mini-Tomaten, Zwiebeln und Früchte nach Wunsch, umlegt mit Salat und einem Kräutersträußchen.

Der erhöhte Aufbau gibt der Platte den besonderen Reiz.

Im Zusammenhang mit einem Büfett kann die dekorative Garnierung flacher gehalten werden.

Hinweise zum Garniermaterial (II)

Ein Petersilienbett eignet sich als Unterlage für Hummer, Königskrabben und rustikalen Braten, wenn sie einzeln gestellt präsentiert werden sollen.

Radieschen

Es werden viele Anstrengungen unternommen, die glatten, runden Radieschen in Röschen oder in blumenartige, gezackte Gebilde zu verwandeln.

Aufwendige Hilfsmittel sind dazu nicht notwendig. Ein kleines, spitzes Messer genügt. Damit lassen sich Scheiben, Röschen, Sterne und Viertel schneiden.

Wer sehr viele Radieschen-Röschen benötigt, kann auch zu einem Stecher greifen.

Die Radieschen werden einfach gestochen und öffnen sich im Wasser. Sie lassen sich auf allen Wurst- und Bratenplatten effektvoll garnieren.

Damit aus Radieschen-Röschen aufgebaute Dekorationen besser halten und auch den Transport überstehen, können jeweils 2 bis 3 Radieschen mit Zahnstochern zusammengespießt werden.

Rettiche

In Bayern ist der Rettich eine Art Nationalwurzel. Er wird dort zu Bier als selbstverständliche Zutat mit Pfeffer und Salz verzehrt.

Als Garnierung eignet er sich nur für rustikale Platten, kann dort aber sehr reizvoll wirken.

Tomaten

Wissenswertes über Tomaten finden Sie auf Seite 30. Die Abbildungen auf den Seiten 30/31 veranschaulichen die Herstellung von Tomatenzöpfen und -röschen.

Trüffeln

Zu den berühmtesten Arten zählt die französische Périgord-Trüffel. Im Gegensatz zu anderen Trüffelarten ist sie schwarz. Die dunkle Farbe und ihr delikater Geschmack machen diese Trüffel für Dekorationszwecke sehr interessant.

Da Trüffeln sehr teuer sind, kommen sie nur für wirklich exquisite Platten wie Rehrücken, Häppchen oder Braten in Frage.

Die Trüffelknollen werden dazu in dünne Scheiben geschnitten, aus denen sich verschiedene Formen ausstechen lassen.

Der kleingeschnittene „Abfall" kommt in Leberwürste oder Leberpasteten.

Zwiebeln

Wer sich mit Zwiebeln einläßt, spürt es in den Augen und auf der Zunge. Obwohl diese Eigenschaften viele Zwiebelliebhaber bei Geselligkeiten vom Verzehr abhalten, ist die Zwiebel in der warmen und kalten Küche ein Star. Für garnierte Platten eignen sich blanchierte Zwiebeln in Scheiben, als Ringe oder fein gehackt.

Eine schmackhafte Abwechslung sind feinzerkleinerte, gebratene Zwiebeln, die in ausgehöhlten kleinen Zwiebeln, in Schälchen oder in Form einer kalten Zwiebelsauce angeboten werden können. In dieser Art bilden sie auch die Grundlage für eine deftige Zwiebelsuppe.

Keine Probleme bereiten eingelegte Zwiebeln wie z. B. Silber- oder Perlzwiebeln.

Die Dekorationen und Garnierungen sind speziell auf die Möglichkeiten im Fleischerfachgeschäft abgestimmt.

Dadurch können auch kurzfristige Bestellungen ohne großen Aufwand abgewickelt werden.

Garniervorschläge

Gänseleberpastete, Leberpastete
Orangenmarmelade, Mandarinen, Ananas, Kirschen

Kalbsbraten, Schweinebraten
Tomaten, Gurken, Spargel, Radieschen, Paprikaschoten, Mixed Pickles, Piccalilli, Peperoni, Gemüse-Allerlei, Gemüsesalat, Meerrettich-Mayonnaise, Rotkrautsalat, Orangenscheiben, Mandarinen, halbe Äpfel, gedünstet in Zitronensaft und Weißwein, mit Preiselbeeren

Kasseler, gebraten, Schinken, gekocht
Gurken, Spargel, Tomaten, Eier, gerieben, Kompottkirschen, gefüllte Oliven, Meerrettich, Meerrettich-Mayonnaise, Ananas, Orangen, Mandarinen, Gemüsesalat, Apfelmus

Schinken, roh, und Lachsschinken
Spargel, Melonen, blaue Trauben, Kirschen, schwarze Oliven, Oliven, mit Mandeln gefüllt, halbe Äpfel, gedünstet in Zitronensaft und Weißwein, mit 1 Kurpflaume und ½ Welschnuß

Roastbeef
Spargel, Tomaten, Gurken, schwarze Oliven, Remouladensauce, Meerrettich-Mayonnaise, Gemüse-Allerlei

Wild
Ananas, Kirschen, Mandarinen, Orangen, Cumberlandsauce, halbe Birnen aus der Dose mit Preiselbeeren

Zunge, Geflügel
Spargel, Gurken, Tomaten, Eier, Bananen, Orangen, Senffrüchte, Kompottkirschen, halbe Pfirsiche aus der Dose mit Waldorfsalat

Dekorative Aufschnittplatten

Eine Platte, die sich in ein kaltes Büfett einfügt und auch selbständig die Anforderungen verwöhnter Kundenwünsche erfüllt.

Gliederung

Die Anordnung orientiert sich an der Mittelachse, wobei die gefaltete Ware für Abwechslung und eine gewisse dekorative Wirkung sorgt.

Sie ist abwechslungsreich zusammengestellt und straff gegliedert. Interessant ist die Bereicherung durch gefüllte Schweinelendchen in Scheiben. Als Beilagen wurden Spargel, Artischocken sowie Ei gewählt.

Garnierung

Den dekorativen Abschluß bilden Tomatenrosen, als Mohnblumen umfunktioniert, Trauben und ein Kräutersträußchen.

Die Platte auf der kleinen Abbildung ist beispielhaft für exakte Legetechnik kontrastreiche Warenauswahl und sichere Linienführung.

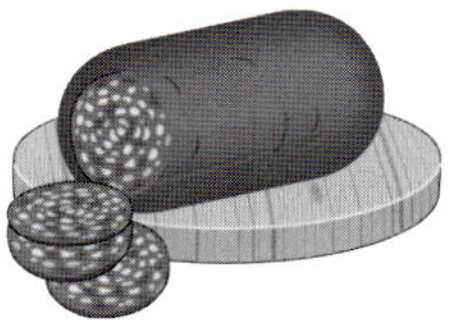

Checkliste für häufig benötigtes Garniermaterial und Zubehör

Dekorationsmaterial, frisch

Ananas
Apfel
Avocados
Bananen
Dill
Erdbeeren
Honigmelone
Kiwis
Kräuselpetersilie
Mandarinen
Orangen
Paprikaschoten, rot, grün und gelb
Rettiche, rot und weiß
Tomaten
Salatblätter
Salatgurke
Schnittlauch
Trauben, grün und blau
Wassermelone
Weinlaub
Zitronen
Zwiebeln
Hinweise, welche Garnierung wozu am besten paßt, finden Sie auf Seite 25 und 33

Konserven

Amsterdamer Zwiebeln
Ananasscheiben
Champignons
Cocktailkirschen, mit und ohne Stiel
Cornichons
Gewürzgurken
Kaviar
Maiskölbchen
Mandarinen
Mixed Pickles
Oliven, grün, verschieden gefüllt
Oliven, schwarz
Pfirsiche
Pflaumen in Cognac
Preiselbeeren
Sardellen
Senffrüchte
Silberzwiebeln
Spargel
Tomatenpaprika

Zutaten

Butter
Eier
Eierrolle
Käsescheiben
Kandierte Früchte
Kräutermischungen
Mayonnaise, ohne und mit Kräutern
Meerrettich
Nüsse
Pistazien
Pumpernickel
Sardellen
Sauerrahm
Salz- oder kleine Laugenbrezeln
Schlagsahne
Senf
Wachteleier

Zu jedem Anlaß das richtige Glas

1. Klassisches Cocktailglas
2. Longdrinkglas
3. Old Fashioned-Glas
4. Großes Longdrinkglas
5. Cocktailschale
6. Schwenker
7. Ballonglas
8. Tropical-Drinks
9. Sekt-/Champagnerkelch

Geräte

Alufolie
Aufschnittgabel
Butterbrettchen
Butterschaber
Dekorationsspieße
Eierrollenschneider
Eierteiler
Küchenschere
Messer
Partyspieße
Radieschenstecher

Das sollte auch nicht fehlen

Kleine Schüsselchen für Salatsaucen
Dekorative Glasschüssel für Fruchtsalat
Salatbestecke
Aufschnittgabeln und -zangen
Brotkörbchen
Verschiedene Vasen
Kupferkessel für Blumen
Dekorspießchen
Verschiedene Sets
Tischtücher

Rustikales Arrangement auf Holzbrett

Verschiedene Wurst- und Fleischwaren auf engem Raum schaffen kein so geschlossenes Gesamtbild wie etwas weniger Ware mit gleichmäßigem Anschnitt. Hier muß aus der Not eine Tugend gemacht werden.

Solche Platten sind auch nicht leicht zu legen. Oft ist es deshalb vorteilhafter, zwei kleine Platten anstelle einer großen Platte zu legen, um zu einer harmonischen Legeart und zu einer klaren Abgrenzung der einzelnen Warengruppen zu kommen.

Gliederung

Durch verschiedene Legearten wird versucht, den Charakter der Ware zu betonen. Der Anfang wird vom Rand aus gemacht, wobei auf gutes Abnehmen der Ware Wert gelegt wird.

Die Mitte bleibt der Garnierung vorbehalten.

Legetechnik

1. Kochpökelwaren, gerollt.
2. Rohschinken, gefaltet.
3. Jägersalami und Blutwürste, stückig.
4. Brüh- und Kochwurst, in flachen Scheiben.

Garnierung

Gemüsestrauß nach Wahl.

Exaktes Legen von Wurstscheiben

Das Foto zeigt das gleichmäßige Legen von Wurstscheiben als Voraussetzung für einen überzeugenden Gesamteindruck der fertigen Platte.

Rechts am Bildrand werden Wurstscheiben gezeigt, die flach übereinandergelegt und dann umgeklappt wurden.

Dieses Vorgehen ist falsch, weil es unmöglich ist, die einzelnen Scheiben von der Platte zu nehmen, ohne den Aufbau zu zerstören. Bei Wettbewerben werden bei dieser Legeart Punkte abgezogen.

Die Legeart links im Bild ist richtig. Hier lassen sich die Scheiben einzeln gut abnehmen, außerdem ist es möglich, Rundungen exakt auszulegen.

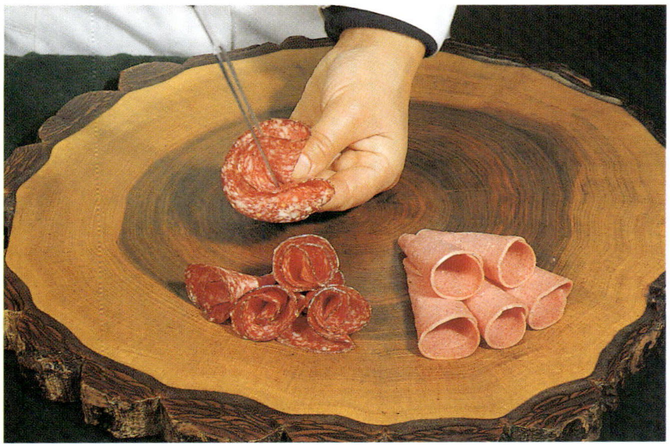

Wursttütchen

Gleichmäßige Hütchen bzw. spitz zulaufende Tütchen lassen sich mit einer Aufschnittgabel rasch herstellen.

Herstellung

1. Wurstscheibe leicht einklappen.
2. Aufschnittgabel einlegen und drehen. Es entsteht ein gleichmäßiger Trichter.
3. Die Wursttütchen bilden zusammengesetzt interessante Rosettenformen.

Zu Tütchen lassen sich auch Bratenscheiben, Lachsschinken und Lachs formen, die verschieden gefüllt werden können.

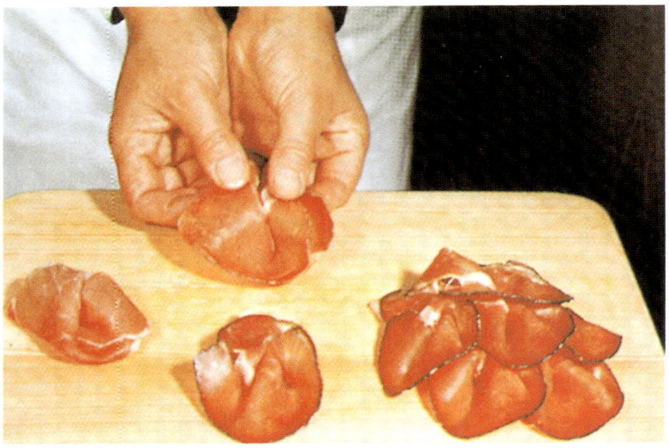

Schinken, gefaltet

Gefaltete Schinkenscheiben beleben die Platte.

Sie erlauben sektorenartige bzw. rosettenförmige Anordnungen.

Diese Legeart wurde bei fast allen Platten mit Rohschinken praktiziert.

Die Scheiben können je nach Größe entweder einmal oder zweimal gefaltet werden. Die eigentliche dekorative Wirkung entsteht durch das Aneinanderlegen der gefalteten Schinkenscheiben.

Der Grundsatz lautet: Jede Wiederholung führt letztlich zu einem dekorativen Muster.

Eierrollen

Die tiefgefrorenen, gekochten Eierrollen sind praktisch, weil sie gleich große Scheiben ergeben. Ganz eignen sich die Eierrollen als Einlage, z. B. für Hackbraten oder Fleischpasteten.

Die beliebig dick geschnittenen Scheiben lassen sich bequem für Garnierzwecke, für Salate, Sandwiches, Sülzen und Aspikarbeiten verwenden. Jede Eierrolle ist 20 cm lang, 4,5 cm dick und 300 g schwer.

Aus einer Eierrolle lassen sich etwa 40 gleichmäßige Scheiben mit leuchtendem Dotter schneiden.

Bei −18 °C sind die Eierrollen etwa 12 Monate, nach dem Auftauen bei 5 °C ungefähr 8 Tage lang haltbar.

Tomaten

Die Tomate stammt aus Mexiko und blieb als Nahrungsmittel jahrhundertelang unbeachtet. In der Literatur wird die Tomate als Gold- oder Liebesapfel bezeichnet.

Großmutter sagte vielleicht noch Paradeiser, wenn sie die Tomate meinte. Da sie zum Reifen viel Sonne benötigt, war das Tomatenangebot auf wenige Sommermonate beschränkt.

Heute werden Tomaten in Treibhäusern gezüchtet und sind das ganze Jahr über verfügbar. Oftmals allerdings zu einem recht hohen Preis.

Tomaten lassen sich geschmacklich zu allen Fleisch- und Wurstwaren kombinieren. Ihr weiches Rot ist als farbenfroher Punkt im Dekor willkommen. Sie können unzerteilt, halbiert, als Viertel, in Scheiben und als kleine Stückchen zur Garnierung dienen.

Tomaten sind verhältnismäßig gut haltbar, Tomatenröschen lassen sich deshalb mehrere Stunden vor dem eigentlichen Plattenlegen vorbereiten und gekühlt aufbewahren. Diese Vorarbeit ist besonders bei größeren Plattenaufträgen bzw. bei kalten Büfetts günstig.

Herstellung von Tomatenröschen

Sehr dekorativ und ein interessanter Blickfang sind Tomatenröschen. Sie passen zu Silberplatten und Dekorationen, die festlich wirken sollen. Auf rustikalen Platten ist mit Röschen Vorsicht geboten. Sie können zu „fein" wirken und mit dem gesamten rustikalen Charakter nicht übereinstimmen.

Für die Tomatenröschen werden feste, gesunde Tomaten und ein scharfes Messer benötigt.

1. Tomaten in der gewünschten Größe auswählen. Tomatenspitze abschneiden.
2. Tomaten mit einem scharfen Messer gleichmäßig schälen, wobei die Schale nicht abreißen darf.
3. Den geschälten Teil so abtrennen, daß noch ein Boden bleibt. Die Schale auf diesem Boden zu einem Röschen einrollen.

Je feiner die Schale ist, um so zarter und dichter wirken die Röschen.

Es besteht auch die Möglichkeit, die Tomate an der Stielseite flach abzuschneiden und dann zu schälen. Auf dem verhältnismäßig kleinen Unterteil läßt sich das Röschen aber weniger gut zusammenrollen.

Für den Transport werden die Röschen mit dünnen Holz- oder Plastikspießchen zusammengeheftet, die aber dann wieder entfernt werden sollten.

Als Unterlage und als Kontrast bieten sich für Tomatenröschen Sellerieblätter oder Dill an.

Zusammengesetzte Tomatenrosen

Im Gegensatz zu den aus zusammengerollten Tomatenschalen gebildeten Röschen wirken diese Tomaten wuchtig. Sie sind fleischig und können verzehrt werden.

Herstellung

1. Tomaten halbieren bzw. vierteln, das weiche Fruchtfleisch entfernen.
2. Hälften zu einem Korb zusammenfügen.
3. Tomatenviertel innen einsetzen, bis eine genügend dicke Rose entsteht.

Die einzelnen Tomatenstücke werden mit einem Zahnstocher in der Mitte zusammengehalten.

Tomatenzopf

Der Tomatenzopf wirkt sehr dekorativ.

Die Tomaten können bei rustikalen Platten mit der Schale, sonst sollen sie aber geschält verwendet werden.

In der gleichen Art lassen sich auch Äpfel oder Pfirsiche als Dekoration, z. B. für Käseplatten, legen.

Herstellung

1. Feste Tomaten vierteln.
2. Tomatenviertel schräg zueinander anlegen.
3. Mit Petersilie abschließen.

Kiwi, rosettenartig eingeschnitten

Nach dieser Methode lassen sich auch Äpfel in dekorative Blickpunkte verwandeln. Bei Äpfeln ist allerdings eine Behandlung mit einem Ascorbinsäurepräparat notwendig, um das Braunwerden zu verzögern.

Herstellung

1. Kiwis schälen, kernige Mitte entfernen.
2. Mit einem Messer der Länge nach schmale, schräglaufende Streifen so einschneiden, daß sie am Boden noch festhalten.
3. Eingeschnittene Kiwis leicht drehen. Es entsteht dadurch ein rosettenartiger Eindruck.

Feingezackte Radieschen

Die gezackten, halben Radieschen sehen dekorativ aus und lassen sich mit Zahnstochern zu Gruppen zusammenheften.

Sie halten dadurch auch bei längerem Transport fest. In Salzwasser aufbewahrt, bleibt ihre Frische länger erhalten.

Herstellung

1. Glatte Radieschen mit einem spitzen Messer zackenförmig zur Mitte hin einstechen.
2. Hälften abheben. Wenn die Zacken ringsum genügend eingeschnitten wurden, lösen sich die Hälften ohne Schwierigkeit.

Apfelfeder

Kontrastreich und farblich interessant.

Herstellung

1. Apfel vierteln.
2. Apfelviertel federn.
3. Apfelviertel auseinanderschieben.

Lauchpalmen

Die Lauchpalmen wirken dekorativ und können mit Radieschen, Tomaten, Paprika oder Gurken kombiniert werden.

Herstellung

1. Lauchstangen sorgfältig waschen, in ca. 6 cm lange Stücke teilen.
2. Etwa 2/3 der Stücke mit einem scharfen Messer der Länge nach, so oft wie möglich, einschneiden.
3. Lauchstück fächern und dann aufstellen.

Gurkengarnitur

Eine optisch ansprechende Garnierung, die sich mit und ohne Füllung vielfältig einsetzen läßt.

Herstellung

1. Gurkenstücke, mit Schale, federn. Mittelstück, bis auf eine äußere Feder, herausnehmen.
2. Stücke in der Mitte teilen.
3. Teilstücke in das äußere Federpaar einsetzen, stufenweise auseinanderschieben.

Schinkenröllchen

Ob Koch- oder Rohschinkenscheiben, sie lassen sich rasch und gleichmäßig mit einer Aufschnittgabel rollen. Die Breite der Gabel bestimmt den Durchmesser der Schinkenröllchen.

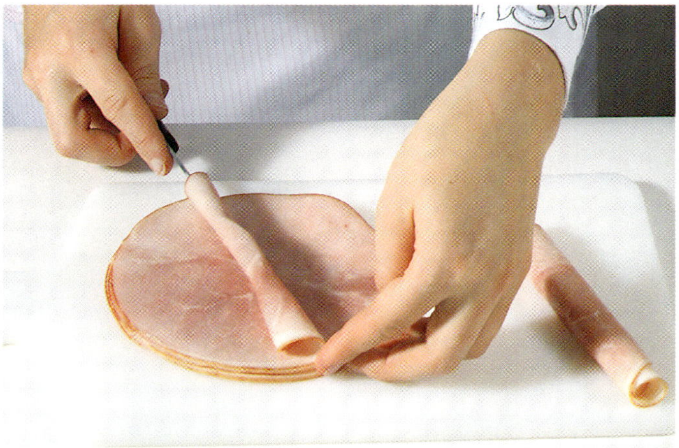

Herstellung

1. Scheiben flach als Stapel auf den Arbeitstisch legen.
2. Gabel unter eine Schinkenscheibe schieben und drehen.

Garnierungen, die zueinander passen

Garnierung	Passend zu
Amsterdamer Zwiebeln, Ananas, Avocados, Cornichons, Ei, Gurken, Kiwi, Mixed Pickles, Oliven, Paprika, Perlzwiebeln, Pilze, Radieschen, Senffrüchte, Tomaten, Trauben	gemischten Aufschnittplatten, Brüh-, Koch- und Rohwurstsorten
Ananas, Cornichons, Ei, Gurken, kandierte Früchte, Kiwi, Melone, Mixed Pickles, Oliven, Paprika, Perlzwiebeln, Pilze, Radieschen, Senffrüchte, Spargel, Tomaten, Pflaumen in Cognac	Kochpökelwaren, Kochschinken, Schweinenacken, Braungeselchtem, Bauernschinken, Bauernrolle, Zunge
Ananas, Cornichons, Ei, Gurken, Kiwi, Mandarinen, Melone, Orangen, Oliven, Paprika, Perlzwiebeln, Radieschen, Senffrüchte, Spargel, Trauben	Rohpökelwaren, Knochen-, Nuß-, Rollschinken, gepökeltem Schweinehals, Lachsschinken, Schinkenspeck, Bündner Fleisch
Ananas, Cornichons, Ei, Gurken, kandierte Früchte, Kirschen, Kiwi, Mandarinen, Mixed Pickles, Oliven, Orangen, Paprika, Perlzwiebeln, Pilze, Senffrüchte, Trauben	Bratenaufschnitt, Schweine-, Kalbsbraten, Filets, Medaillons
Ananas, Cornichons, Gurken, Mandarinen, Kiwi, Mixed Pickles, Oliven, Perlzwiebeln, Pilze, Senffrüchte, Trauben, Wachteleier	Pasteten, grober und feiner Leberpâté, Geflügel-, Wildpasteten, Fleischpasteten
Äpfel, Ananas, Birnen, Gurken, kandierte Früchte, Kiwi, Mandarinen, Mixed Pickles, Orangen, Perlzwiebeln, Pfirsiche, Pilze, Preiselbeeren, Senffrüchte, Trauben	Wild, Geflügel, Rehrücken, Hirschbraten, Wildmedaillons, Gänsebrust, Putenkeule, Ente
Äpfel, Dill, Gurken, Kaviar, Petersilie, Zitrone, Zwiebeln	Fisch, Lachs, Forellenfilet, Makrelen, Matjesfilet, Aal
Ananas, Butter, Champignons, Gurken, Kapern, Mandarinen, Mixed Pickles, Nüsse, Oliven, Paprika, Perlzwiebeln, Petersilie, Pumpernickel, Salzgebäck, Tomaten, Trauben	Käse

Bei diesen Vorschlägen handelt es sich um beispielhafte Kombinationen. Abhängig vom Anlaß und dem persönlichen Geschmack können auch andere Beilagen als Garnierung gewählt bzw. kombiniert werden.

Schwarzwälder Vesperplatte

Rustikale Platten sprechen die Kunden an. Sie bieten die Möglichkeit, von der Blutwurst über Mettwurst bis zum Rohschinken verschiedene deftige Spezialitäten zu kombinieren.

Den besonderen Effekt erhält diese Platte durch Balkanwürstchen, die stückweise angeordnet werden. Es ist nicht leicht, die halben Würstchen exakt zu legen. Bei einer rustikalen Platte ist eine etwas aufgelockerte Legeart aber nicht störend. Auch die Auffassung, die Würstchen halbiert zu legen, läßt sich vertreten. In einer gelösten Atmosphäre wird ein Würstchen ganz gern auch aus der Hand verzehrt.

Gliederung

Die Gliederung orientiert sich an der Form des Holzbrettes. Zunächst wird am Rand mit etwas dickeren Mettwurstscheiben bzw. Scheiben von Rohschinken begonnen. Die 2. Reihe erlaubt die freie Wahl des Materials. Der Mittelpunkt bleibt der Garnierung vorbehalten. Nach diesem Prinzip lassen sich kleinere, größere und sogar runde Platten sehr wirkungsvoll gestalten.

Legetechnik

1. Nicht zu dünn geschnittene Mettwurstscheiben, flach übereinandergelegt.
2. Geraffte Schinkenscheiben.
3. Dünne Rohschinkenscheiben, flach gelegt.
4. Halbe Balkanwürstchen, übereinander angeordnet.

Garnierung

Die Garnierung kann bei einer rustikalen Platte aus ganzen Gurken und größeren Stücken bestehen. Der Kontrast darf lebhaft sein.

Bei dieser Platte wird die Garnierung auf eine süß-saure Geschmacksrichtung abgestimmt. Verwendet werden Essiggurken, Spargel, schwarze Oliven, Blumenkohlröschen, Paprika und Karottenscheiben.

Die Menge des Dekorationsmaterials richtet sich nach der in der Mitte offen gebliebenen Fläche. Die Platte paßt gut zu Bier, Wein und einem kräftigen Korn.

Beiwerk zum Garnieren

Die Butter

Fett wird heute weitgehend gemieden. Trotzdem gehört die Butter zum kalten Büfett bzw. als Brotaufstrich zu garnierten Platten. Wir verzichten allerdings darauf, Butter direkt auf die garnierte Platte zu bringen. Sie wird, bedingt durch hohe Raumtemperaturen, zu weich und rasch unansehnlich.

Günstiger ist es, die Butter getrennt in Schälchen anzurichten, die gegebenenfalls auf Eis gestellt werden können. Dazu wird das Butterschälchen in eine größere, mit Eiswürfeln gefüllte Schale gestellt. So hält sich die Butter längere Zeit appetitlich frisch.

In früherer Zeit wurde als Ausdruck hoher Garnierkunst auf Butterrosen, Butternelken oder andere aufwendige Buttergarnierungen Wert gelegt. Heute bevorzugt man schlichte Garnierungen. Arrangements aus Butterrosen sind eigentlich nur noch bei sehr prunkvoller Tafelgestaltung angebracht.

Damit Sie auch bei solch festlichen Anlässen nicht in Verlegenheit kommen, soll die Herstellung von Butterrosen und -nelken kurz geschildert werden.

Die Butterrose Herstellung mit dem Rillenbrettchen

Formen Sie eine Anzahl großer, mittlerer und kleiner Butterkugeln. Pressen Sie die Kugeln mit der glatten Brettchenfläche zu kleinen Platten flach. Rollen Sie ein kleines Butterplättchen zu einem Herzstück zusammen. Die anderen Butterplättchen legen Sie gebogen, jeweils auf Lücke, um dieses Herzstück. Für die größeren Rosenblätter halten Sie die großen Butterplättchen bereit. Die Rose gelingt nach einiger Übung, wobei die Zahl der Blätter den Gesamteindruck bestimmt.

Herstellung mit dem Löffel

Die für die Rose benötigten Plättchen werden einzeln mit einem scharfen Löffel aus einem festen Butterstück herausgeschabt. Zunächst werden kleine Plättchen für den Mittelpunkt, dann immer größere Plättchen herausgeschabt. Die Ränder können leicht nach außen gebogen werden, das erhöht die Wirkung der Butterrose. Da die Blätter der Rosen bei dieser Technik schärfer erscheinen, wirken die Rosen natürlicher. Sie gelingen nur nach einigem Üben.

Die Butternelke

Eine Variation der Rose ist die Butternelke. Sie wird aus „Butterspänen" zusammengesetzt, dazu ist tiefgefrorene Butter nötig. Mit einem Messer werden feine, lange Späne geschabt, die spitz nach unten zusammengesetzt werden.

Butterrosen und -nelken gehören zum dekorativen Ausnahmefall. Normalerweise genügen weniger aufwendige Butterdekorationen.

Einige Möglichkeiten, die nicht zuviel Zeit kosten und appetitlich aussehen, werden nachstehend beschrieben.

Butterdekors mit dem Messer

Am einfachsten ist es, etwa 0,5 cm dicke Butterscheiben abzuschneiden. Als Hilfsmittel dient ein Buttermesser, das ein gewelltes Rillenmuster hinterläßt.

Die Scheiben können in Dreiecke, Streifen oder Quadrate unterteilt werden. Es ergeben sich reizvolle Formen, die sich gut anordnen lassen. Die Butter darf dazu nicht zu weich sein, damit die Konturen klar bleiben.

Butterdekors mit dem Rillenbrettchen

Schneiden Sie am besten die Butter mit einem Messer in gleich große Würfel. Tauchen Sie die Brettchen in klares, kaltes Wasser, und formen Sie daraus durch kreisförmige Bewegungen Kugeln. Eine Schale mit Eiswürfeln nimmt die Kugeln auf, so bleibt die Kugelform erhalten.

Mit dem Rillenbrettchen lassen sich kleine Rollen und Kegel formen, die als Abschluß einer Butterschale dienen können.

Für rustikale Platten und Grillfeste sind verschieden gewürzte Butterröllchen wirkungsvoll und beliebt. Sie lassen sich mit dem Rillenbrettchen rasch herstellen.

Schneiden Sie dazu von einem Butterstück quer etwa 2 cm dicke Scheiben ab, die in der Mitte halbiert werden. Formen Sie dann mit dem Rillenbrettchen Butterröllchen.

Kontrastreiche Effekte ergeben auch Kümmel, Paprika oder Mohn. Sie sind aus geschmacklichen Gründen aber nur beschränkt verwendbar.

Von diesen gewürzten Butterröllchen lassen sich etwa 1 cm dicke Scheiben abschneiden, die mit Steaks, Grilladen oder Weißbrot ausgezeichnet harmonieren.

Butterdekors mit dem Holzstempel

Der Vollständigkeit halber soll der Holzstempel erwähnt sein, mit dem sich reliefartige Dekors in Butter pressen lassen. Man kann hier sogar von einer folkloristischen Note sprechen. Diese Art, Butter als Dekoration zu verwenden, eignet sich deshalb nur für bestimmte Anlässe, z. B. zu einem Bauernfrühstück und für ähnliche rustikale Aufmachungen.

Beliebt sind nicht nur Butterdekors mit Außenwürzung, sondern auch würzige Butterzubereitungen.

Koch- und Rohschinkenplatte

Eine Platte wie diese ist der Ausdruck gepflegter Eßkultur.

Sie ist nicht zu groß und bietet trotzdem eine reiche Auswahl von Pökelspezialitäten.

Ohne die Legetechnik ändern zu müssen, kann bei der Platte auf die individuellen Wünsche der Kunden eingegangen werden.

Eine Platte, die gepflegt werden sollte, weil sie einen breiten Käuferkreis anspricht. Ohne Schwierigkeiten lassen sich Platten dieser Größe auch zu einem kalten Büfett zusammenstellen.

Gliederung

Auf der rechteckigen Platte ist eine diagonale Legerichtung erkennbar, damit die Platte von allen Seiten harmonisch und ansprechend wirkt.

Die Anordnung der Ware erfolgt locker, wobei Warenart und -menge die Gliederung beeinflussen.

Legetechnik

1. Kochschinken, gerollt.
2. Schwarzgeräuchertes, gefaltet.
3. Rindersaftschinken, übereinandergelegt.
4. Lachsschinken, einfach gefaltet.

Garnierung

Die Garnierung konzentriert sich auf die Plattenmitte und möchte nicht dominieren. Trauben, Erdbeeren und Melone signalisieren eine neuzeitlich orientierte Geschmacksrichtung. Das Rot der halbierten Erdbeeren wird als Blickfang ausgespielt.

Hinweis

Die Platte auf der kleinen Abbildung zeigt eine Variation mit Rohpökelwaren.

Buttermischungen

Nichts liegt näher, als mit eigenen Erzeugnissen abwechslungsreiche Butterzubereitungen zu schaffen. Die hier vorgeschlagenen Butterzubereitungen eignen sich für Steaks, Grilladen, zur Verfeinerung von Saucen und als Brotaufstrich.

Bevor Sie allerdings mit den Buttermischungen beginnen, sollten Sie einige Grundregeln beachten.

Grundregeln

1. Butter auf Zimmertemperatur erwärmen, wenn es ganz rasch gehen soll, Kühlraumbutter im Mikrowellenherd behandeln.
2. Die weiche Butter mit einem Schneebesen oder mit einer elektrischen Küchenmaschine schaumig rühren.
3. Die geschmack- bzw. farbgebenden Zutaten wie Gewürze, Kräuter, Salz und Einlagen in die schaumige Butter einarbeiten.
4. Butter kühlen und mit einem Rillenbrettchen Kugeln, Walzen oder Kegel formen und die geformten Teile in Eiswasser kühlen.
5. Die benötigten Gewürze und Zutaten werden gewogen, wenn nötig kleingehackt bzw. fein geschnitten und in die schaumige Butter gerührt.
6. Am zweckmäßigsten ist es, die Butter in Alufolie zu geben und wurstförmige Stangen zu formen. Wenn die Butter im Kühlraum genügend fest geworden ist, lassen sich Scheiben schneiden oder Röllchen bzw. Kugeln formen. Wegen der meist hohen Raumtemperatur ist es allerdings zweckmäßig, die Butter getrennt und auf Eis zu servieren.

Olivenbutter

250 g Butter
1 EL feingehackte schwarze Oliven
Oliven und Schnittlauch für die Dekoration

Cervelatbutter

250 g Butter
150 g feingeschnittene Cervelatwurst
1 g Pfeffer, weiß, gemahlen

Currybutter

250 g Butter
5 g Currypuder
20 g feingehackte Zwiebeln

Kräuterbutter

250 g Butter
3 g Schnittlauch, getrocknet
2 g Petersilie, getrocknet
eine Prise Salz

Lachsschinkenbutter

250 g Butter
150 g Lachsschinken, ganz fein geschnitten
1 g Pfeffer, grob gemahlen

Leberwurstbutter

250 g Butter
100 g Kalbsleberwurst
1 g Petersilie, getrocknet

Paprikabutter

250 g Butter
2 g Paprika, edelsüß
20 g feingeschnittener roter und grüner Paprika
eine Prise Salz

Paprika-Würzbutter

250 g Butter
3 g Paprika, edelsüß
1 g Pfeffer, weiß
etwas Knoblauch als Pulver oder flüssig

Schinkenbutter

250 g Butter
100 g gekochter Schinken, fein in Würfel geschnitten
20 g Senf
1 g Petersilie, getrocknet
1 g Schnittlauch, getrocknet

Zitronenbutter

250 g Butter
1 EL Zitronensaft
Schale von ½ unbehandelten Zitrone

Schnittlauchbutter

250 g Butter
1 Bund Schnittlauch, fein geschnitten (es kann auch getrockneter Schnittlauch verwendet werden)

Senfbutter

250 g Butter
50 g Senf, scharf oder mild
1 g Petersilie, getrocknet
1 g Schnittlauch

Würzbutter mit grünem Pfeffer

250 g Butter
5 g frischer grüner Pfeffer
1 g Thymian
1 g Basilikum

Krabbenbutter

250 g Butter
2 EL pürierte Krabben
1 TL Cognac
Krabben für die Dekoration

Sardellenbutter

250 g Butter
1 EL pürierte Sardellen
Sardellenröllchen für die Dekoration

Knoblauchbutter

250 g Butter
3 zerdrückte Knoblauchzehen oder Knoblauchpaste nach Geschmack

Bunte Butterkugeln

Die Butter zu kleinen Kugeln formen. Nach Wunsch in grobem Pfeffer, Paprika, Kräutern, Currypuder, Mohn oder Sesam wälzen.

Pökelwaren auf Marmor

Immer häufiger kaprizieren sich die Kundenwünsche auf anspruchsvolle Fleisch- und Wurstwaren.

Auf der Skala der Beliebtheit rangieren Koch- und Rohpökelwaren auf den ersten Plätzen.

Diese Platte folgt dem heutigen Geschmackstrend, wobei der kühle Marmor und die Garnierung mit Früchten die Richtung unterstreichen.

Gliederung

Die Legearbeit ist nach einer Längs- und Querachse ausgerichtet.

Begonnen wird mit Kochschinkenröllchen an den Enden der ovalen Platte. Die übrige Ware wird, der Plattenform folgend, in Reihen angelegt.

Die Querachse wird der Garnierung vorbehalten. Eine klar gegliederte und gut überschaubare Platte.

Legetechnik

1. Kochschinkenscheiben, gerollt.
2. Schweinerücken- und Rohschinkenscheiben, umgelegt.
3. Bauernschinken- und Rohschinkenscheiben, gefaltet.

Garnierung

Da die Platte einen sachlichen Stil verkörpert, wird die Garnierung knapp gehalten.

Die blauen Trauben bilden den Mittelpunkt, unterstrichen vom Rot und Gelb der anderen Früchte.

Die Melonenstücke lassen die Garnierung zum Rand hin ausklingen.

Platten und Zubehör (I)

Holzplatten

Rustikale Bretter aus Nußbaum oder Birkenholz sind sehr beliebt. Da sie im Vergleich zu versilberten Platten keine so hohe Investition verlangen, können bei gleichem finanziellem Aufwand mehrere Platten gekauft werden.

Der Bewegungsspielraum im Bereich Plattenservice wird größer. Die Platten müssen allerdings einen lebensmittelrechtlich unbedenklichen Kunstharzüberzug haben. Da die Oberfläche naturgemäß empfindlich ist, darf auf versiegelten Platten keine Ware geschnitten werden.

Die Oberflächen werden nur mit einem fettlösenden Spülmittel ohne Schleifmittelzusatz gereinigt. Die Bretter müssen anschließend gründlich trocknen. Direkte Wärmeeinwirkung und längere, feuchte Lagerung ist zu vermeiden, da sich die Bretter verformen können.

Wird die Oberfläche beschädigt, so können die Bretter abgeschliffen und neu versiegelt werden.

Versilberte Platten

Die versilberte Platte hat zu festlichen Anlässen immer wieder ihre Berechtigung, besonders für Fisch, Canapés und kalte Braten.

Da die Anschaffung verhältnismäßig teuer ist, muß mit den Platten sehr sorgfältig umgegangen werden. Bewährt hat sich ein Ständer, in dem die Platten aufrecht aufbewahrt werden können, um Schrammen zu vermeiden. Denn wenn es schnell gehen soll, ist es kaum möglich, aus einem Stapel die Platten so zu entnehmen, daß sie ohne Kratzer bleiben. Bei in Stapeln gelagerten Platten sollte immer ein Tuch dazwischengelegt werden. Um den Glanz zu erhalten, müssen angelaufene Platten regelmäßig mit Spezialreiniger behandelt und nachpoliert werden.

Platten aus Stahl

Sie wirken kühler als versilberte Platten, bewähren sich aber gut. Die Platten dürfen nicht zu tief sein und sollten keine zu üppige Randornamentik haben. Ruhige Formen und Dekors sprechen mehr an. Sollten sich auf Metallplatten Kalkflecken bilden, dann helfen Metallpflegemittel oder einige Tropfen Essig, um die Oberfläche blank zu erhalten.

Keramik-, Glas- und Schieferplatten

Weshalb eigentlich nicht, wenn sie passen! Wichtig ist es allerdings, Keramikplatten in verschiedener Größe, aber mit gleichem Dekor zu haben. Die garnierten Platten sehen sonst auf der Tafel zusammengewürfelt aus.

Da die Verluste bei Keramik-, Porzellan- bzw. Glasplatten hoch sind, werden sie mehr für Vorspeisen, Fisch- und Salatplatten eingesetzt.

Schieferplatten müssen versiegelt sein, da Schiefer porös ist.

Zu Spiegeln als Platten, wie sie immer wieder zu beobachten sind, kann nicht geraten werden. Sie müssen gerahmt sein, lassen sich schlecht pflegen und sehen verschmiert aus, sobald ein Teil der Ware entnommen ist.

Salatschüsseln

Davon kann man nie genug haben. Zweckmäßig ist ein Satz Keramik- oder Holzschüsseln, der zu Brettern paßt, und ein Satz aus Glas, der zu versilberten Platten paßt.

Schüsseln mit angeschlagenem Rand müssen sofort aus dem Plattenservice genommen werden.

Da in diesem Bereich ein reichhaltiges Angebot besteht, bleibt die Wahl der Form dem persönlichen Geschmack überlassen.

Messer und Küchenhelfer

Buntmesser

Das Buntmesser mit einer dickzackigen, eingeschliffenen Klinge schneidet in Obst, Gemüse oder auch Butter dekorative Muster.

Tomatenmesser

Das Tomatenmesser hat eine längliche Klinge mit Sägen- oder Wellenschliff. Es eignet sich besonders gut zum Schneiden von Tomaten sowie anderen weichen Gemüsen und Früchten.

Kanneliermesser (Ziseliermesser)

Das Kanneliermesser reißt einzelne dicke Streifen in die Schalen von Orangen, Zitronen und Gurken. Oder es zerteilt verschiedene Gemüsesorten in feine Streifen.

Butterroller

Mit dem Butterroller können Sie dekorative Röllchen vom Butterblock herunterziehen.

Fortsetzung Seite 41

Wirkungsvolle Dekorstücke für die Weihnachtszeit, die sich für festliche Büfetts und Schaufensterdekorationen eignen.

1. Zweirädrige Handkarren für „gewichtige" Getränke, Obst, schwere Brotlaibe oder ganze Stücke Rohpökelware.

2. Hellfarbige Holzplatten, auf denen sich dunkle Ware und rustikale Materialzusammenstellungen besonders wirkungsvoll präsentieren.

Platten und Zubehör (II)

Größere Dekorationsgegenstände bilden auf den Büfetts interessante Blickfänge und können gleichzeitig einen funktionellen Zweck erfüllen.

Diese Schaustücke werden vom Fachhandel bevorzugt auf Ausstellungen angeboten und haben einen langen Gebrauchswert.

Dreieckige Salatschalen aus Keramik. Kleiner Schubkarren aus Buchenholz für Brötchen.

Salatschüsselgestell aus Eichenholz mit passenden Keramikschüsseln.

Leiterwagen aus Eichenholz, der Getränke, Brot oder ein rustikales Blumenarrangement aufnehmen kann.

Platten und Zubehör (III)

Wagenrad aus Eichenholz
mit originell eingefaßten
Salatsaucenschalen.

Eine Platte aus Arabescato-Marmor,
die durch ihre Maserung
und die geschwungene Form besticht.

Chafing Dish aus Kupfer
mit Messinggriff und Füßen,
elektrisch beheizt.
Die Einsätze werden mit verschiedenen
Unterteilungen geliefert.

Jede Leistung ist ihren Lohn wert (I)

Die Ermittlung des Preises für eine garnierte Platte bereitet oftmals Kopfzerbrechen. Einerseits soll die Platte keinen zu hohen Verkaufspreis haben, andererseits müssen die Aufwendungen gedeckt werden.

Wie sind Wareneinsatz und Arbeitszeit zu bewerten? Soll mit einem Zuschlag auf den Warenwert oder mit festen Sätzen gerechnet werden?

Zur Kalkulation von garnierten Platten

Zunächst könnte provozierend behauptet werden, und diese Stimmen gibt es, daß eine garnierte Platte genausoviel kostet wie die darauf gelegte Ware. Alle Aufwendungen für Löhne, Gehälter und die Abschreibung sind in der normalen Kostenrechnung erfaßt. Dieser Standpunkt stößt jedoch auf Widerspruch, da tatsächlich mit jedem Plattenservice ein Mehraufwand verbunden ist, der eine entsprechend höhere Wertschöpfung fordert.

Wenn der Plattenservice als Spezialabteilung mit getrennter Kostenstelle geführt wird, dann ist das Erfassen der Aufwendungen und damit eine sachbezogene Kalkulation verhältnismäßig einfach. Da Bestellungen von Platten mengenmäßig und der Art nach zeitlich stark schwanken, ist eine exakte, kostenmäßige Abgrenzung meist unmöglich. Es muß ein anderer Weg gefunden werden.

Die Zuschlagskalkulation

Die Zuschlagskalkulation hat den wesentlichen Mangel, daß sie den Faktor Arbeitsaufwand in den Endpreis nicht korrekt einbezieht.

Dazu 2 Beispiele

1. Beispiel
Eine rustikale Platte mit Blut-, Leberwurst, Preßkopf und Fleischkäse wird bestellt. Der Durchschnittspreis für die Ware liegt bei 15 DM.

Nach der augenblicklichen Kostenlage soll ein Zuschlag von 30 %, also 4,50 DM, pro kg Material erfolgen. Eine Platte mit 2 kg Ware würde kosten:

Wareneinsatz	30 DM
Zuschlag 30 %	9 DM
	39 DM

2. Beispiel
Für eine Hochzeit wird eine Platte mit Schinken, Braten und Roastbeef gewünscht. Der Durchschnittspreis für die Ware liegt bei 20 DM.

Bei einem Zuschlag von 30 % kommen bei dieser Platte pro kg 6 DM hinzu. Bei einer Warenmenge von 2 kg kostet die Platte

Wareneinsatz	40 DM
Zuschlag 30 %	12 DM
	52 DM

Bei gleichem Arbeitsaufwand werden also einmal 9 DM und das andere Mal 12 DM berücksichtigt. Würden nun vorwiegend Platten mit hohem Materialwert verkauft werden, dann wäre der Zuschlag möglicherweise ausreichend, bei einer reinen Roastbeefplatte aber wahrscheinlich zu hoch. Andererseits reichen bei preiswerten Artikeln die Zuschläge nicht aus, um die Aufwendungen zu decken. Unberücksichtigt bleiben bei diesen Überlegungen die Beträge für Zufahrt, Plattenleihgebühr und sonstige Leistungen. Da diese Aufwendungen dem Kunden meist als feste Beträge mitgeteilt werden, liegt es nahe, auch für die Arbeitszeit einen festen Kostensatz zu ermitteln.

Zur Kalkulation mit festen Sätzen

Da von 8 vorgeschlagenen Standardplatten ausgegangen werden kann, sind diese Platten getrennt zu kalkulieren.

Folgendes Vorgehen ist zu empfehlen:

1. Die benötigten Scheiben Aufschnitt, Braten und Schinken werden pro Sorte gewogen. Für die Bewertung wird der Ladenpreis ohne MwSt. eingesetzt.
2. Das Garniermaterial wird aufgrund der verbrauchten Mengen in DM erfaßt.
3. Die aufgewendete Arbeitszeit wird festgestellt, wobei ein mittlerer Arbeitszeitbedarf einzusetzen ist. Die Arbeitszeit wird entsprechend dem Stundensatz in DM ausgeworfen.
4. Festzulegen sind dann noch die Pauschalsätze für Zustellung, Plattenleihgebühren und Sonderleistungen.

   Die Leihgebühr für Platten richtet sich nach der Höhe des Anschaffungswertes und der zu erwartenden Lebensdauer. Ausgegangen wird von einer Wiederbeschaffung nach 4 Jahren. Bei hoher Beanspruchung kann die Lebensdauer einer Platte aber auch wesentlich kürzer sein.
5. Von einem Gewinnzuschlag wurde abgesehen, da normale Ladenpreise als Grundlage für die Berechnung dienen.
6. Die Umsatzsteuer ist abschließend auf den Gestehungspreis zu berechnen.

Zur Verdeutlichung 2 Beispiele

1. Beispiel
Gehen wir wieder von einer rustikalen Platte mit einem Warenwert von 30 DM aus. Unterstellen wir ferner, daß für diese Platte ein Arbeitsaufwand von 30 Minuten = 15 DM notwendig ist. Der Gestehungspreis für diese Platte liegt demnach bei 45 DM, also um 6 DM höher als bei der Zuschlagskalkulation.

Jede Leistung ist ihren Lohn wert (II)

2. Beispiel
Bei der Platte mit einem Materialwert von 40 DM wurde bei gleicher Legezeit ein Zuschlag von 15 DM vorgenommen. Diese Platte würde demnach 55 DM kosten.

Bei diesen Beispielen wurde ein Stundensatz von 30 DM angenommen. Die MwSt. blieb dabei jedoch unberücksichtigt.

Alle hier gemachten Angaben sind selbstverständlich nur beispielhaft und müssen entsprechend der jeweiligen Kostenlage ermittelt bzw. festgelegt werden.

Etwas Verkaufspsychologie

Der Endpreis einer Platte, besonders bei wenig Wareneinsatz und hohem Arbeitsaufwand, kann einem Kunden zunächst hoch erscheinen. Es ist deshalb sinnvoll, bei einer Platte von einem Pro-Kopf-Verbrauch zu sprechen. Bei einer Platte, die z. B. 55 DM kostet und die für 10 Personen ausreicht, ist der Pro-Kopf-Aufwand von 5,50 DM verhältnismäßig niedrig. Diese Darstellung setzt die gebotene Leistung in ein ganz anderes, positives Licht.

Bei kalten Büfetts ist ein Preisangebot pro Person ebenfalls üblich, da hier der Anteil an Dienstleistungen noch höher liegt. Für die Ermittlung der Aufwendungen ist auch hier die Kalkulation mit festen Sätzen sinnvoll. Es bleibt dabei jedem Unternehmen überlassen, je nach Situation volle Sätze zu berechnen oder auf einen Teil der Wertschöpfung aus werblichen Überlegungen zu verzichten.

Dem Kunden soll aber klargemacht werden, daß bei einem kalten Büfett der Materialwert den Preis nicht allein bestimmt. In jedem Falle lohnt es, die Aufwendungen sorgfältig zu erfassen, um feststellen zu können, wie sich der Plattenservice auf die Gewinnlage des Unternehmens auswirkt.

Elektronische Datenerfassung im Platten- und Party-Service-Bereich

Um den Party-Service profitabel abzuwickeln, müssen alle Aufwendungen genau erfaßt werden. Dazu gehören neben dem Materialeinsatz das Garniermaterial, das spezielle Zubehör, die Arbeitszeiterfassung, besondere Sach- und Dienstleistungen und der Verwaltungsaufwand.

Die Erfassung der Aufwendungen, eine leistungsbezogene Kalkulation und eine rasche Rechnungsstellung wird mit herkömmlichen buchhalterischen Mitteln häufig als starke Belastung empfunden.

Immer mehr Betriebe setzen deshalb auch im Party-Service auf die elektronische Datenerfassung. Welche Anforderungen Party-Service-Programme erfüllen sollten und welche Voraussetzungen für eine erfolgreiche Arbeit notwendig sind, das soll die folgende Übersicht zeigen.

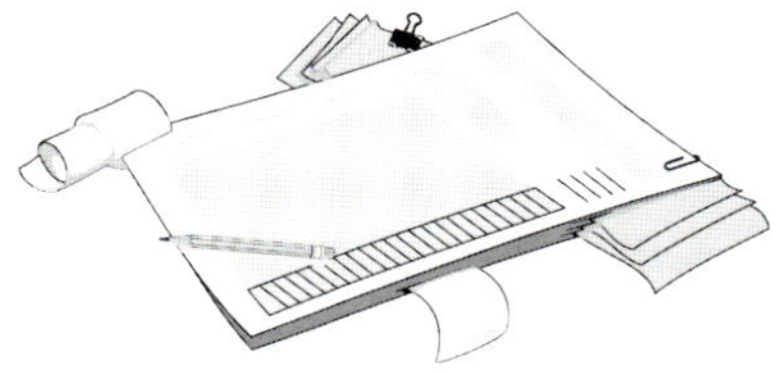

Party-Service-Organisation

Verkauf
- Individuelle Kundenberatung
- Produkt- und Vorschlagsmappe
- Menü-Speisekarte
- Service-Leistung
- Angebot/Rechnung

Verwaltung
- Kalkulation
- Produktvorschlag
- Vorschlagsmappe
- Geschirrliste
- Einkaufsliste
- Menü-Speisekarte
- Personalschulung

Produktion/Küche
- Anweisung
- Personalinformation über Aufträge
- Produktionsanweisung
- Materialbedarf
- Nachkalkulation
- Geschirrverwaltung

In diesen Bereichen müssen die Kostenstellen klar definiert sein und die notwendigen Voraussetzungen für eine kontinuierliche Erfassung der Aufwendungen geschaffen werden.

Einwegplatte für den kleinen Anlaß

„Klein, aber fein" lautet die Devise bei dieser Platte. Die Zusammenstellung konzentriert sich auf ausgewählte Koch- und Rohpökelwaren. Auf kleiner Fläche wird ein Arrangement getroffen, das auch optisch anspricht.

Die Garnierung mit Gurken, Ei, Mais wird in ihrer Art und der Menge nach so gewählt, daß sie als Beilage ausreicht.

Die Rose kontrastiert zu der Aluminiumplatte, gibt der Platte aber einen liebenswerten und romantischen Anstrich. Dieser Stil ist sicher richtig, wenn die Platte für einen Abend der Zweisamkeit, als Mitbringsel für einen kleinen Anlaß, dienen soll. Originell verpackt, wird die Platte zu einer Überraschung und zu einem wertvollen Geschenk.

Gliederung

Die Fläche der Platte ist verhältnismäßig klein. Es soll gezeigt werden, daß trotz kleiner Fläche und ungünstiger Form der ovalen Platte eine exakte Anordnung möglich ist.

An die dominierenden Schinkenröllchen schließt sich die andere Ware an. Es wird bewußt auf eine harmonische, übersichtliche Legetechnik Wert gelegt.

Legetechnik

Kochschinkenscheiben, gerollt.
Bierschinken, übereinandergeklappt.
Schinkenwurst und Krakauer, flach gelegt.
Rohschinken, gefaltet.
Sülze, flach gelegt.
Schweinerücken, gefaltet.
Salamischeiben, gefaltet.

Hinweis

Die Platte soll kostengünstig, d. h. in kürzester Zeit gelegt werden können.

Die Materialmenge von ca. 750 g reicht für 2 Personen aus und kann bis etwa 1200 g erhöht werden. Die Platte ist durch ihre Vielseitigkeit ideal für eine junge Familie mit 2 bis 3 Personen.

Je klarer die Abgrenzung von Sorte zu Sorte (Legetechnik, exakte Linienführung), desto schöner wirkt die Platte.

Es muß nicht immer Pizza sein, wenn es schnell und ohne Aufwand gehen soll.

Kochschinkenplatte

Platten mit Kochpökelwaren sind in der Spargelzeit beliebt. Sie können aber auch als selbständige Platten ein Büfett zieren.

Ausgewählt wurde ein saftiger Hinterschinken, der sich in nicht zu dünnen Scheiben präsentiert. Es handelt sich hier um eine „Gebrauchsplatte für den Alltag".

Diese Platte hat eine ideale Größe und Form für ein auf engstem Raum zu erstellendes klassisches Büfett.

Gliederung

Die Platte wurde mit Schinkenröllchen in einer Richtung belegt. Als Orientierung diente die Längsachse der ovalen Platte. Die Mitte der Platte wurde für den Abschluß mit Früchten freigehalten.

Legetechnik

Kochschinkenscheiben, gerollt, dachziegelförmig übereinandergelegt.

Garnierung

Grüner Spargel, als Abschluß grüne Trauben und Johannisbeeren. Auf Wunsch könnte noch Melone dazukommen.

Auf dieser Platte lassen sich sehr gut auch Roastbeef- oder Schweinebratenscheiben legen. Als Garnierung passen:

Spargel, Tomaten, Gurken, schwarze Oliven, Remouladensauce, Meerrettich-Mayonnaise, Gemüse-Allerlei, Radieschen, Paprikaschoten, Mixed Pickles, Artischockenherzen, Butter- und/oder Tomatenrosen.

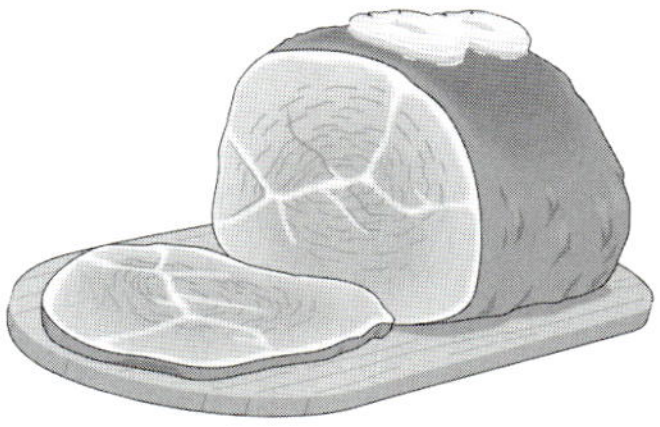

Plattenwettbewerbe (I)

In den letzten Jahren nahm die Zahl internationaler Plattenwettbewerbe im In- und Ausland zu. Gedacht sei hier nur an die jährlichen Ausschreibungen des Deutschen Fleischer-Verbandes (DFV), an Utrecht oder an Wels.

Im Inland hat der DFV für seine Veranstaltungen und Wettbewerbe der Landesinnungsverbände Maßstäbe gesetzt, die sich in den Wettbewerbsbedingungen und den Bewertungsbogen der Jury niederschlagen.

Die Veröffentlichung dieser Bedingungen erfolgt in der Fachpresse.

Bedingungen für den Wettbewerb

Die Wettbewerbsbedingungen umreißen den Rahmen, wie Fleisch- und Wurstwaren sowie andere Nahrungsmittel ästhetisch, aber auch sachgerecht garniert werden sollten.

Die oftmals beobachteten Abstecher in den Garnierstil der Küchenkunst sind wenig erfolgbringend, weil die Voraussetzungen im Fachgeschäft für das Garnieren von Fleisch- und Wurstwaren, auch im Hinblick auf den Käufer, anders sind.

Obwohl die Wettbewerbsbedingungen gewisse Beschränkungen auferlegen, bleibt für die individuelle Gestaltung und die Kreativität ein weiter Spielraum.

Zu beachten ist nur, daß keine Garnierung zum Selbstzweck werden darf. Das Garnieren von Fleisch- und Wurstwaren konzentriert sich auf eine appetitanregende Präsentation der Ware, die sowohl dem Auge als auch dem Gaumen einen erhöhten Genuß bieten soll.

Gleichzeitig verfolgt jeder Wettbewerb das Ziel, den Leistungsstand der Branche auf dem Gebiet der Garnierkunst überschaubar einem größeren Interessentenkreis vorzustellen und zur Leistungssteigerung anzuspornen.

Das ist durch die ausgeschriebenen Wettbewerbe im Laufe der Zeit ausgezeichnet gelungen.

Dank dieser Entwicklung und durch das hohe Ansehen der deutschen Fleischerbranche orientieren sich unsere Nachbarn am Leistungsstand deutscher Plattenwettbewerbe. Sie richten sich auch bei der Beurteilung der Platten nach den deutschen Bewertungskriterien. Trotzdem kann im Ausland nach anderen Maßstäben bewertet werden, die sich aus der nationalen Mentalität, der Lebensweise und einer etwas anderen Einstellung zu Fleisch und Wurst ergeben. In Frankreich und Belgien ist z. B. der Hang zum Dekor größer als bei uns.

Häufig werden raffiniert gestaltete Platten, ganze Stilleben aus Wurst und Fleisch zur Schau gestellt. Diese Arbeiten erfordern meist viel Geduld und Geschick für das Detail.

Es sind farbliche und von der Vielfalt aus gesehen Garnierorgien. Das Publikum bestaunt diese „Kunstwerke“, und die Jury gibt sogar Medaillen. Tatsächlich sind solche Platten übergarniert. Der Aufbau verfremdet die gelegten Fleisch- und Wurstwaren. Die eigentliche Absicht der Garnierkunst, die Nahrung appetitlich und genußsteigernd darzubieten, wird verfehlt. Weniger könnte oft mehr sein.

Fortsetzung Seite 49

Rustikale Platte

Die rustikale Ware wird hier auf einem neuzeitlichen Untergrund präsentiert. Für die Bezeichnung der Platte sind der Phantasie keine Grenzen gesetzt.

„Fröhliche Freizeitplatte" oder „Party im Grünen" wären treffende Bezeichnungen.

Gliederung

Die Ausrichtung der Ware erfolgt quer zum farbkräftigen Tablett, wobei die Wurstsorten in Segmenten abwechseln. Die einseitige Ausrichtung wird durch die Garnierung vom Rand aus noch betont.

Legetechnik

1. Landjäger und Blutwurst, stückig.
2. Römerbraten mit Käse, in halbierten Scheiben, flach gelegt.
3. Mortadella und Rotwurst in halben Scheiben, dachziegelartig gelegt.
4. Landleberwurst in flachen Scheiben.

Garnierung

Gemüse nach Wunsch.

Gurken sollten Sie stets der Länge nach halbieren, da sie dann besser liegen und als Garnierung ein harmonischeres Bild ergeben!

Achtung: Bei Plattenwettbewerben sollten Sie zur Garnierung möglichst entweder nur Früchte oder nur Gemüse verwenden! Sonst sind Punktabzüge möglich!

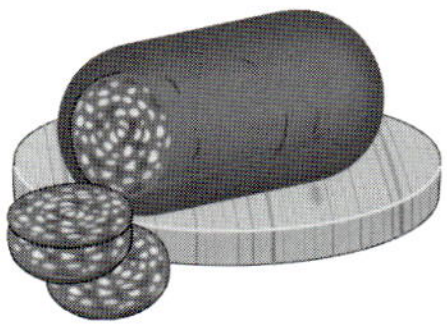

Plattenwettbewerbe (II)

Das Fleischerfachgeschäft will mit einer garnierten Platte das Aussehen der Nahrungsmittel nicht verkünsteln, keine Kunst schaffen. Die Ware soll deutlich erkennbar bleiben und die Eßlust anregen. Der Garnieraufwand muß in einem vernünftigen Rahmen bleiben, auch aus preislicher Sicht.

Selbstverständlich werden bei Platten für Wettbewerbe alle Register des Könnens gezogen, wobei die Exaktheit des Legens, die passenden Zutaten, die farbliche Abstimmung sowie makelloses Garniermaterial die Hauptvoraussetzungen sind.

Die persönliche Note sollte trotz aller Medaillenwünsche und Hoffnungen unverändert bleiben. Ein Stil für den Alltag und ein Stil für Ausstellungen wäre unaufrichtig und wenig zweckmäßig. Eine solide Arbeit überzeugt stets am besten.

Trotzdem kann es oftmals nützlich sein, bei Wettbewerben im Ausland die Dekoration etwas farbiger, üppiger zu halten, um auf den Landesgeschmack mehr einzugehen.

Verbindliche Hinweise können in dieser Richtung jedoch nicht gegeben werden, da sich Stil und Auffassungen von Jahr zu Jahr ändern.

Es lohnt deshalb, die „Wettkampfstätten" zu besichtigen, um dann die nötigen Schlüsse für die eigene Arbeit zu ziehen.

Ziel des Wettbewerbs

Der internationale Plattenwettbewerb des DFV verfolgt das Ziel, die besondere Leistungsfähigkeit des Fleischerfachgeschäftes und das Prinzip der individuellen Bedienung herauszustellen sowie die Öffentlichkeit auf die Vielfältigkeit des Angebots in den fleischerhandwerklichen Betrieben aufmerksam zu machen.

Bewertung

Die Bewertung der einzelnen Wettbewerbsarbeiten erfolgt nach folgenden Kriterien:

a) Gesamteindruck
b) äußere Herrichtung und Dekoration
c) Beschaffenheit der Ware

Hierbei sind folgende Richtlinien zu beachten:

1. Beilagen und Zutaten müssen mit dem Hauptbestandteil des Ausstellungsstückes in Menge sowie Geschmack, Farbe und Zubereitung harmonieren und den Erkenntnissen der Ernährungslehre sowie den veterinärpolizeilichen Vorschriften entsprechen.
2. Verkaufbare, zweckmäßige, attraktive, frei von unnötigem Beiwerk zusammengestellte Ausstellungsstücke.
3. Fachgerechter und gleichmäßiger Zuschnitt des Fleisches.
4. Fleisch auf englische Art ist rosa zu braten, damit beim Überglänzen mit gewürztem Aspik kein Blut austreten kann. Austretende Fleisch-, Gemüse- oder Fruchtsäfte dürfen das Ausstellungsstück nicht unansehnlich machen.
5. Nicht exakt zugeschnittene Beilagen (Gemüse, Früchte usw.) oder Garnituren bedingen Punktabzüge.
6. Der besseren Haltbarkeit wegen sollten die Beilagen nicht weich gekocht, dafür aber dünn mit gewürztem Aspik überglänzt werden.
7. Bei Verwendung von Schlagsahne oder Cremes ist eine zusätzliche Bindung gestattet. Diese Produkte – wie auch Buttergarnituren – sollen naturbelassen sein und nicht eingefärbt werden. Mayonnaisegarnituren sind zu vermeiden.
8. Sockel und alles Nichteßbare vermeiden.
9. Eierspeisen (als Beilage) sind nur auf Glas oder Porzellan bzw. Papiermanschetten anzurichten.
10. Die Ausstellungsstücke sind nicht zu überladen. Beilagen evtl. gesondert anrichten.
11. Die Größe des Ausstellungsstückes muß der Ware für die entsprechende Personenzahl angemessen sein.
12. Werden Feinkostsalate oder Saucen beigegeben, dann sind die Schalen oder Saucieren nur zu zwei Drittel zu füllen.
13. Fleischtranchen (Scheiben) sind nicht, wie sie beim Schnitt fallen, sondern mit der Schnittfläche zum Beschauer vor dem Reststück zu ordnen, um ein schnelleres und für den Verbraucher einfacheres Abnehmen zu ermöglichen.
14. Falls zur Garnitur Früchte verwendet werden, sollen die Fleischtranchen nur mit kleinen und dünnen Fruchtscheiben belegt werden.

Zum Aspik

Auf die Verwendung von Aspik soll besonders eingegangen werden, da in diesem Zusammenhang immer wieder Fragen auftauchen.

1. Das Überziehen der garnierten Fleisch- und Wurstwaren mit Aspik wird bei Wettbewerben nicht grundsätzlich abgelehnt, da die Platten vorgelegt und oftmals viele Kilometer transportiert werden müssen.
2. Sogenannte Aspikspiegel auf Silberplatten können bei einzeln herausgestellten Dekorationsstücken ihre Berechtigung haben. Der Aspikspiegel darf dann aber keine Schlieren haben und sollte nicht zu dick gegossen sein.
3. Das Ausfüllen von Ecken oder Lücken bei Übergängen ist eine Verlegenheitslösung. Da die Aspikwürfel nicht verzehrt werden, sollte darauf verzichtet werden.
4. Bei Braten- oder Wildplatten kann ein Saucenaspik sinnvoll sein, ebenso Gemüse in Aspik.

Rohpökelwarenplatte

Diese Platte kann selbständig im Mittelpunkt stehen oder ein interessanter Blickfang eines kalten Büfetts sein. Der Charakter der Platte ist durch die Wurzelholzmaserung, das Material, die Garnierung und durch die klassische Legetechnik rustikal-elegant.

Gliederung

Die Anordnung orientiert sich an der Plattenform. Das Legeschema baut auf 4 Segmenten auf. Damit läßt sich die Warengruppierung besser der Plattenform anpassen. Den Anfang machen Kochschinkenröllchen, denen sich gefaltete Rauchfleischscheiben anschließen. Die gegenüberliegenden Segmente belegen Lachs- und Wacholder-Kochschinken.

Die Mitte bleibt für die Garnierung frei.

Legetechnik

1. Kochschinken, gerollt.
2. Braten, gefaltet.
3. Schweinerücken, gefaltet.
4. Pfefferschinken, übereinandergeklappt.

Garnierung

Die Trauben aneinanderlegen.

Als Mittelpunkt Apfelfedern.

Abgeschlossen wird die Garnierung mit flachblättriger Petersilie.

Internationaler Plattenwettbewerb

Bewertungskriterien

Fleischplatte – Schaustück	
Fleischplatte – verkaufsorientiert	
Wurstplatte	
Schinkenplatte	
Aufschnittplatte	
Bratenplatte	
Rustikale Wurstplatte	
Rustikale Schinkenplatte	
Rustikale Aufschnittplatte	
Schauplatte	

Erreichte Medaille

100	**Gesamteindruck**		Erreichbare Punkte	Punktabzug	Erreichte Punktzahl
1.01	Nicht verkaufs- und verbrauchergerecht	1–2–3	10		
1.02	Zu unruhiger Gesamteindruck	1–2–3			
1.03	Unpassende Zusammenstellung/Dekoration Platte	1–2–3			
1.04	Zu kleine, zu große Platte	1–2–3			
1.05	Sonstiges	1–2–3			

200	**Äußere Herrichtung**		Erreichbare Punkte	Punktabzug	Erreichte Punktzahl
2.01	Unharmonische Legetechnik	1–2–3	20		
2.02	Unexakte Linienführung	1–2–3			
2.03	Ungenügend ausgelegt	1–2–3			
2.04	Über den Rand gelegt	1–2–3			
2.05	Scheiben schlecht abnehmbar	1–2–3			
2.06	Zu überladen	1–2–3			
2.07	Zu wenig Ware	1–2–3			
2.08	Plattenrand unsauber	1–2–3			
2.09	Aspik trüb, weich, zu viel	1–2–3			
2.10	Sonstiges	1–2–3			

300	**Dekoration**		Erreichbare Punkte	Punktabzug	Erreichte Punktzahl
3.01	Übergarniert	1–2–3	10		
3.02	Zu wenig Garnierung	1–2–3			
3.03	Dekoration unpassend	1–2–3			
3.04	Dekoration nicht exakt	1–2–3			
3.05	Sonstiges	1–2–3			

400	**Beschaffenheit der Ware**		Erreichbare Punkte	Punktabzug	Erreichte Punktzahl
4.01	Zuschnitt	1–2–3	10		
4.02	Farbe	1–2–3			
4.03	Materialfehler	1–2–3			
4.04	Materialauswahl	1–2–3			
4.05	Sonstiges	1–2–3			

Braten- oder Pökelwarenplatte

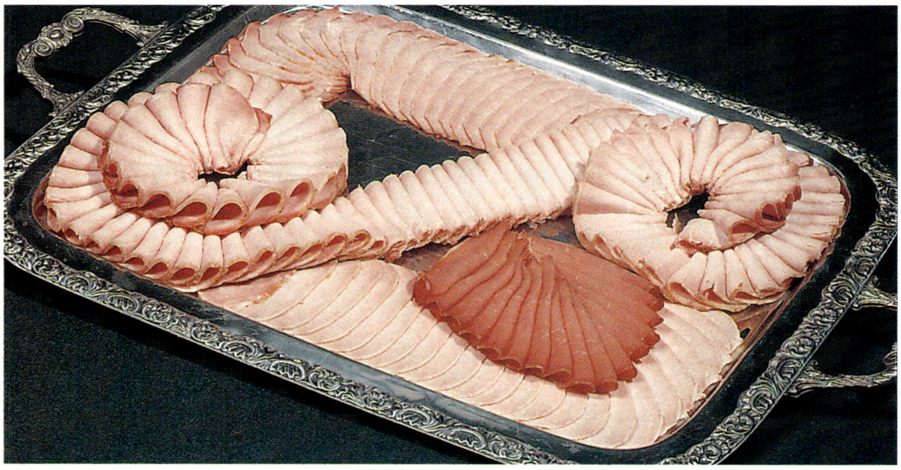

Diese Platte darf von ihrem Grundaufbau her als klassische Lösung für rechteckige Platten bezeichnet werden. Ganz gleich, ob nach diesem Schema Braten, Pökelwaren oder Aufschnitt gelegt wird, die Platte stimmt. Sie besticht durch Schwung, klare Linienführung und Eleganz. In dieser Anordnung wurde die Platte für ein großes kaltes Büfett gelegt. Sie ist aber genauso als Einzelplatte denkbar.

Als dekorative Variante bieten sich anstelle der Mandarinen grüne oder blaue Trauben an.

Gliederung

Die Gliederung ist klar erkennbar. Eine diagonale Anordnung in ausgeprägter S-Form bestimmt den Gesamteindruck. Das Mittelfeld kontrastiert in der Farbe und durch die entgegengesetzte Linienführung. Die Platte lebt von den Gegensätzen: dunkles Mittelfeld und Rosetten in beiden Ecken.

Durch die straffe Anordnung ist bei dieser Platte ein Materialwechsel ohne Schwierigkeiten möglich. Es lohnt sich deshalb, die Wirkung dieses Grundkonzepts mit anderen Materialien auszuprobieren.

Der positive Gesamteindruck dieser Platte hängt allerdings weitgehend von einer exakten Legetechnik ab, d. h. von dem gleichmäßigen Abstand der Scheiben zueinander und der ganz klaren Linienführung.

Legetechnik

1. Gepökelter Schweinerücken, übereinandergeklappt.
2. Rohschinkenscheiben, gerollt oder übereinandergelegt.
3. Bündner Fleisch, gerollt.

Garnierung

Genaugenommen reichen als Abschluß für diese Platte zwei Farbtupfen aus. Sie bestehen hier aus Mandarinenstückchen, einer halben Kiwi mit gezacktem Rand und einer kandierten Kirsche.

Vorgerichte oder Horsd'œuvres

Küchengeschichtlich gesehen entstanden sie wahrscheinlich, um die Zeit zwischen dem Eintreffen des ersten und letzten Gastes bzw. bis zum Servieren der eigentlichen Speisen zu überbrücken.

Wenn ein Gast nach längerer Anfahrt oftmals bei strenger Kälte eintraf, so lag es nahe, ihm ein Gläschen Wodka und ein kleines Häppchen zu reichen.

Sicher war das nicht der einzige Anlaß, eine Vorspeise zu servieren, die Entstehung könnte aber so gewesen sein.

Vorspeisen sollen stimulieren, den Appetit wecken. Teilweise werden sie zur Überbrückung als Zwischengerichte angeboten. Wir unterscheiden zwischen kalten und warmen Vorspeisen. Traditionsgemäß sollen alle kalten Vorspeisen vor der Suppe, die warmen nach der Suppe serviert werden. Als Auftakt für ein kaltes Büfett sind kalte Vorspeisen die Regel.

Sie werden meist etwas getrennt gestellt, können aber auch allein serviert werden. Das gilt besonders für Austern, Kaviar, Hummer, Gänseleberpastete und Melonen. Alle einzeln servierten Vorspeisen sind vorwiegend für abendliche Veranstaltungen, die kleinen gemischten Leckereien für die übrige Tageszeit bestimmt. Eine Vorspeise darf nie sättigen. Alle Vorspeisen sollen durch ihr frisches Aussehen, die Aufmachung sowie ihre abwechslungsreiche Garnierung eine reizvolle Ouvertüre für die nachfolgenden Genüsse sein. Die geschmackvolle Zusammenstellung, Vorbereitung und Präsentation sind eine Art Visitenkarte des kulinarischen Könnens und der Eßkultur.

Vorspeisen trocknen leicht ab und verlieren mit zunehmender Temperatur rasch an appetitlichem Aussehen und Geschmack.

Es gilt, Wege zu finden, um die Vorspeisen ausreichend gekühlt servieren zu können, gegebenenfalls auf Eis, wie die Fotos auf den Seiten 55 und 56 zeigen.

Eine besondere Art der Vorspeise sind Spießchen. Sie sind in den letzten Jahren populär geworden, weil sie ohne Besteck verzehrt werden können. Dadurch eignen sie sich gut für Anlässe mit zwanglosem Charakter, z. B. Geburtstags- oder Gartenpartys.

Die einzelnen Bissen dürfen nicht zu groß geraten, damit die Spießchen mit einer Hand bequem verzehrt werden können.

Als Spießchen eignen sich z. B. in Würfelform geschnittene Wurst- und Fleischwaren, ebenso Fisch, Wild und Käse in Kombination mit süß-saurem Gemüse und Früchten. Der Phantasie sind hier keine Grenzen gesetzt.

In Form von Häppchen werden Vorspeisen auch als vollwertige Speise serviert. Sie eignen sich für geschäftliche Anlässe, Kurzbesuche, Stehempfänge und Cocktailpartys.

Gastgeber schätzen diese Bewirtungsart, da dazu kein größerer Geschirr- bzw. Besteckaufwand notwendig ist.

Einige schon als klassisch zu bezeichnende Vorspeisen

1. Geräucherte Lachsscheiben und Forellenfilets.
2. Krabben-Scampi-Hummer-Cocktails.
3. Rohschinken mit Melone auf Eis.
4. Canapés, verschieden garniert.
5. Gefüllte Eier.
6. Medaillons vom Kalb, Schwein oder Reh mit Preiselbeermeerrettich.
7. Tatar bzw. zubereitetes Hackfleisch auf Toast.
8. Kasseler Tütchen mit Spargelspitzen.
9. Bratenscheiben, auch vom Wild, auf Ananasscheiben.
10. Leberpâté oder Gänseleberpastete.
11. Gepökelte Zungenscheiben.
12. Lachstütchen mit Sahnemeerrettich.
13. Kochschinkenröllchen mit Gemüse in Aspik.
14. Kochschinkenröllchen, gefüllt mit Waldorfsalat.
15. Kaviar auf Ei oder auf gebuttertem Toast.
16. Gefüllte Tomatenhälften mit Schinkenwürfeln in tomatierter Mayonnaise.
17. Gerollte Kasseler Scheiben mit Senfgurke.
18. Hering als Gabelbissen in Stücken oder gerollt und gespießt als Häppchen.
19. Geflügelhappen, Weißbrot mit Currybutter und Geflügelbrustfleisch.
20. Sardinen mit Zitrone und Petersilie.
21. Tatar mit grünen Pfefferkörnern auf halben Partybrötchen.
22. Forellenfilets auf getoastetem Schwarzbrot mit Sahnemeerrettich.
23. Geflügelbrustscheiben mit Curry-Sauce auf Toastscheiben (happengerecht zugeschnitten).
24. Ölsardinen mit Tomatenscheiben und frischem Dill.

Es sollte damit gezeigt werden, daß für ein kaltes Büfett oder bei anderen Anlässen fast jede kleine Speise zu einer Vorspeise gemacht werden kann.

Die einzige Bedingung: Die Vorspeise muß klein, optisch reizvoll sowie schmackhaft sein.

Krabbencocktail

Als kleine Vorspeise reichen 30 g Krabben pro Person aus. Es können auch Krebsschwänze oder Langostinos sein.

Material

500 g	Nordseekrabben
50 g	Sellerie, aus dem Glas
50 g	süß-saure Äpfel
50 g	Zwiebeln oder Perlzwiebeln
50 g	Spargelspitzen
300 g	Salatmayonnaise

Hinweis

Das Anrichten sollte portionsweise im Glasschälchen erfolgen, da der Cocktail sonst den Charakter eines Salates erhalten würde. Eine entsprechend große Zahl gleicher Cocktailgläser ist deshalb notwendig.

Zubereitung

1. Krabben aus der Schale nehmen, waschen, abtropfen lassen.
2. Tiefgefrorene Krabben, Krebsschwänze bzw. Langostinos auftauen, abtropfen lassen.
3. Die übrigen Zutaten fein hacken.
4. Salatmayonnaise verwenden, mit Zitronensaft und etwas Orangensaft abschmecken. Ganz nach Wunsch kann auch die „Rosa Salatsauce" von Seite 114 Verwendung finden.
5. Alle Salatzutaten vermengen.

Serviervorschlag

Der Krabbencocktail wird im Glas bzw. in einer ausgehöhlten Orange angerichtet. Es kann auch eine ausgehöhlte kleine Melone sein.

Als Garnierung eignen sich: Chicoréeblätter, Dill, Kaviar, spanische Oliven, Zitronenscheiben.

Normalerweise werden zum Krabbencocktail Toastscheiben mit Butter gereicht. In jüngerer Zeit wird diese Regel nicht so streng genommen. Da es oftmals schwierig ist, warme Toastbrotscheiben bereitzuhalten, werden als Ausweg kleine Partybrötchen angeboten. Als Getränke passen Weißwein und Sekt.

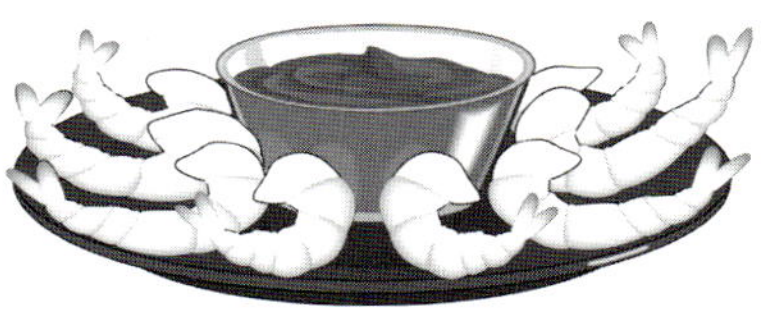

Rohschinkenscheiben mit Honigmelone auf Eis

Eine Vorspeise, die mengenmäßig auf die Personenzahl abgestimmt werden sollte.

Der eigentliche Witz liegt im Willkommenstrunk, der sich unter den Rohschinkenscheiben verbirgt. Diese Art des Anrichtens ist aus südlichen Ländern entlehnt, wo es üblich ist, einen Begrüßungsdrink in einer Kokosnuß, Melone oder ausgehöhlten Ananas anzubieten.

Zum Drink

Es sollte ein Longdrink sein. In diesem Falle wurde Orangensaft mit Sekt aufgegossen.

Wichtig: Die Melonen müssen auf Eis liegen, um ein Erwärmen des Getränkes zu verhindern. Das Getränk sollte deshalb auch so spät wie möglich aufgegossen werden.

Herstellung

Kleine Honigmelonen mit einem spitzen Messer zickzackförmig bis zur Mitte einschneiden. Der Deckel läßt sich dann leicht abklappen. Größere Melonen können halbiert werden. Die Ränder erhalten kleine Zacken. Die hier demonstrierte Art wirkt allerdings großzügiger. Die Melonen werden ausgehöhlt. Lachsschinken- und gefaltete Rohschinkenscheiben liegen nur flach auf. Zum Abschluß kommt der Drink. Als Unterlage wird Scherbeneis mit Kochsalz gemischt.

Garnierung

Die Schale, die Melone auf Eis und die Schinkenröllchen sind an sich schon ein guter Blickfang. Die Garnierung bleibt deshalb zurückhaltend und auf ein Minimum beschränkt.

Hier sind es kandierte Kirschen mit Stiel, halbierte Kiwis und jeweils ein kleines Blatt zur Zierde.

Die passenden Gläser

Melonenschiffchen mit Rohschinken

Keine Platte, sondern eine Vorspeise, vielleicht auch eine kleine Schlemmerei zwischendurch sind die Melonenschiffchen für Gäste, die auf süße Stückchen lieber verzichten.

Mengenmäßig für 16 Personen gedacht. Eine Zusammenstellung, die als kleiner Bissen zu einem Glas Sekt oder einem Cocktail serviert werden kann. Der eigentliche Gag ist die Keramikschüssel mit Eisstückchen. In dieser Form ist der kleine Gaumenschmaus auch an heißen Tagen servierfähig.

Garnierung

Melone achteln bzw. in etwa 3 cm dicke Segmente teilen. Das Fruchtfleisch von der Schale lösen und in kleine Stücke schneiden, damit die Melonenschiffchen mit einer Gabel oder einem Spießchen verzehrt werden können. Ganz nach Wunsch können die Schiffchen mit einem Obstler oder Cognac überträufelt werden.

Auf die Melonenschiffchen kommen gefaltete Scheiben von dünn geschnittenem Rohschinken, Lachsschinken oder Bündner Fleisch. Die eigentliche Garnierung bilden Trauben, Cocktailkirschen und Mandarinenspalten.

Hinweis

Für den Transport ist es zweckmäßig, die Früchte mit Zahnstochern zu spießen. Die Früchte können auch ganz zum Schluß dekoriert werden, wenn es die Umstände erlauben.

Damit das Eisbett länger hält, wird das tiefgekühlte Scherbeneis mit Kochsalz vermengt. Das Wasser sammelt sich langsam am Boden und stört den Gesamteindruck nicht.

Gefüllte Eierhälften und Medaillons

Abwechslungsreiche Canapés

Für eine zwanglose Geselligkeit wird kein Büfett erwartet. Handliche Häppchen werden bevorzugt. Eine abwechslungsreiche Canapé-Platte erfüllt die Erwartungen.

Weißbrotscheiben oder halbierte Brötchen, günstig sind kleine Partybrötchen, werden mit Schinken, Bratenscheiben, Lachs und Käse belegt. Die Auswahl des Belags kann ganz nach Wunsch erfolgen. Eine abwechslungsreiche Garnierung sorgt für den appetitanregenden Gesamteindruck.

Eier lassen sich vielseitig garnieren. Hier wird eine Platte als Vorspeise für 10 bis 12 Personen präsentiert. Die gekochten Eier werden halbiert, das Eigelb durch ein Haarsieb passiert. Das durchpassierte Eigelb dient, im Verhältnis 1 : 1 mit Mayonnaise vermengt und mit Senf sowie Worcestersauce verfeinert, als Füllung.

Die Füllung wird mit einer Spritztüte auf die Eierhälften gespritzt. Den Mittelpunkt der Platten bilden Schweinemedaillons. Es wurde eine Silberplatte gewählt, da sie festlicher wirkt.

Garnierung

Die Garnierung für die Eierhälften besteht aus Scampi und Oliven mit einigen Blättchen Petersilie als Farbkontrast. Die Medaillons werden teilweise mit Sahnemeerrettich, teilweise mit der Eierfüllung gespritzt.

Den dekorativen Abschluß bilden Kiwischeiben mit halbierten Trauben bzw. halben Walnüssen. Da die Kiwis zum Mittelpunkt hin dunkel werden, passen blaue Trauben als Garnierung farblich sehr gut.

Einzelne garnierte Eier können auch für Wurst-, Braten- und Fischplatten als Garnierelement dienen.

Gefüllte Eier und Tomaten

Eine Ergänzungsplatte, die Abwechslung für das Auge und den Gaumen bringt. Die Platte könnte aber auch als Vorspeise serviert werden. Sie paßt in dieser Art in den Rahmen eines großen kalten Büfetts mit festlichem Charakter.

Zu einem rustikalen Brett kann sie nicht gestellt werden. Das wäre ein Stilbruch.

Da Unterlagen aus Papier in den meisten Fällen unzweckmäßig sind, soll diese Art einer dekorativen Platte nur mit einem Beispiel gezeigt werden.

Werden die gefüllten Tomaten und die Eier auf Keramik, Glas oder Holz gesetzt, dann können sie auch ein rustikales Büfett bereichern.

Sehr ansprechend wirken die Tomaten- und Eierhälften, wenn sie mit viel Petersilie umlegt werden. Eine sehr reizvolle Garnitur. Die Petersilie darf allerdings durch lange Vorbereitungszeiten und hohe Temperaturen nicht leiden.

Legetechnik

Die runde Platte bietet sich für eine streng symmetrische Ordnung an, wobei der Mittelpunkt als farblich intensiver Blickpunkt gestaltet wurde, umrahmt vom weißen Rand der Eierhälften.

Es ist eine unkomplizierte Anordnung, die aber gerade dadurch augenfällig wirkt. Mehr Abwechslung in der Anordnung könnte sehr bald zuviel des Guten sein, da die Papierrosetten als dekoratives Element stark vortreten.

Garnierung

Die Eier werden längs halbiert und vom Eigelb befreit und die Tomaten ausgehöhlt. Das Innere der Tomaten kann für eine Sauce verarbeitet werden.

Das Eigelb wird mit Mayonnaise, Verhältnis 1 : 1, zu einer homogenen Masse verrührt und mit etwas Senf sowie Gewürzen abgeschmeckt.

Die Füllmasse wird dann mit einem Spritzbeutel oder einer Garnierspritze in die Eihälften gefüllt.

Als Füllung für die Tomaten eignet sich Geflügelfarce. Es könnte auch ein feingehackter Thunfischsalat sein.

Die Tomaten und Eier werden mit Olivenscheiben, Gürkchen, Petersilie und Kapern bzw. Kaviar garniert.

Abwechslungsreich garnierte Canapés

Es muß nicht immer eine Aufschnittplatte sein, die ein Kunde wünscht. In vielen Fällen, z. B. bei Stehempfängen, Jubiläen, Konferenzen, Ausstellungen und offiziellen Geburtstagsfeiern, ist ein kleiner Imbiß angebracht. Üblicherweise wird dem Gast ein Glas Sekt gereicht, zu dem er aus der Hand ein Canapé essen kann. Hier geht es nicht darum, den Gast zu sättigen. Es soll nur ein kleines, pikantes „Dazu" sein, das Augen und Gaumen erfreut.

Die abgebildete Platte ist für etwa 6 Personen gedacht, wobei jede Person 5 Canapés verzehren kann. Ist die Personenzahl größer, dann ist es zweckmäßig, die Canapés auf mehrere Platten zu verteilen. Normalerweise werden Canapés auf Silberplatten angerichtet.

Möglich sind aber auch Schieferplatten oder Holzbretter, wenn der Empfang auf einer Terrasse oder in rustikaler Umgebung stattfindet.

Legetechnik

Bei Canapés handelt es sich um getoastete oder geröstete Weißbrotscheiben, die abwechslungsreich belegt werden. Bei größeren Mengen erfolgt das Rösten in der Backröhre oder im Heißluftofen. Damit die Canapés nicht weich oder schwammig werden, wird das Weißbrot gebuttert.

Die Canapés werden einzeln belegt und ausgarniert. Als Belag eignen sich Fisch, Kaviar, Schinken, Wurstwaren, aber auch Leberwurstcreme und Käse.

Die Abstände zwischen den einzelnen Canapéreihen können Sie mit einer schmalen geraden Leiste besser und exakter regulieren.

Garnierung

Die Garnierung soll pikant und exakt sein. Sie muß geschmacklich auf die Unterlage abgestimmt werden. Da die Garnierfläche klein ist, genügen bereits wenige Stückchen Gurke, Tomaten, Eischeiben, Trüffeln, Nüsse, Oliven, Spargel, Maiskölbchen und ähnliche pikante Kleinigkeiten.

Sollte kein Vorlegegerät vorgesehen sein, dann muß der Abstand zwischen den Canapés so groß sein, daß jeweils eines bequem mit den Fingern entnommen werden kann, ohne daß ein anderes berührt wird.

Pikant belegte Häppchen

Zwischen Canapés und Häppchen besteht im Prinzip kein Unterschied. Die klassische Art der Canapés verlangt allerdings absolute Exaktheit und einen etwas anspruchsvolleren Belag, wenn wir an Kaviar oder Lachs denken.

Canapés sind sehr aufwendig, weil jedes Canapé ohne Kruste aus einem Weißbrot geschnitten bzw. gestochen wird. Da Canapés in das Gebiet der Hotellerie übergreifen, werden für kleinere Anlässe pikant belegte Häppchen bevorzugt. Die Häppchen werden auf gebutterten halben Weißbrotscheiben oder aber auf runden Scheiben von Baguettes bzw. Sardellenbrot angerichtet. In speziellen Fällen kann auch ein kräftiges Landbrot als Unterlage dienen.

Irgendwelche Einschränkungen im Hinblick auf den Belag und die Dekoration gibt es nicht. Erlaubt ist, was gut schmeckt und gefällt.

Neben aller Art von Wurstwaren, Bratenscheiben, Koch- und Rohpökelwaren ist zubereitetes Hackfleisch mit feingewiegten Zwiebeln, Kräutern, Gurken und Kapern beliebt. Die Hackfleischhäppchen sollten aber so spät wie möglich angerichtet werden, damit die Fleischfarbe nicht zu sehr verblaßt.

Gliederung

Die Häppchen werden in Längsreihen übersichtlich gelegt. Die optische Achse bilden die Häppchen mit Kaviar und Ei.

Legetechnik

Die Platte ist gleichmäßig und vollständig ausgelegt, wobei die Häppchen stufenförmig angeordnet werden. Es sollten auf engem Raum viele Häppchen Platz finden. Die Häppchen werden deshalb mit einer Zange von der Platte genommen. Angeboten werden: Lachsschinken mit Sahnemeerrettich, Kalbsleberwurst mit Trüffelstückchen, Kaviar mit Ei und etwas rotem Paprika als Farbtupfen, zubereitetes Hackfleisch mit Gurke, geräucherte, geviertelte Forellenfilets mit Petersilie.

Garnierung

Trotz sparsamer Garnierung wirken die Häppchen durch ihren Hell-Dunkel-Kontrast sehr appetitlich und ansprechend.

In der gleichen Art lassen sich auch Rinds-, Kalbs- und Schweinemedaillons anbieten, wobei der dekorative Spielraum größer ist. Zu gebratenem Fleisch passen nicht nur süß-saure Beilagen, sondern auch Früchte wie Ananas, Orangen, Kiwis, Mandarinchen oder Kurpflaumen. Die Brotunterlage paßt sich der Größe der Medaillons an.

Canapés oder Häppchen

Für Stehempfänge, Begrüßungscocktails oder Kurzbesuche werden Häppchen gern bestellt. Sie können problemlos ohne größeren Besteck- und Geschirraufwand serviert werden. Ein Vorteil, den jeder Gastgeber schätzt.

Aus der Sicht der Herstellung sind Häppchen sehr arbeitsaufwendig. Es gilt, den Zeitbedarf richtig einzuschätzen und auch mit den Vorbereitungen der Häppchen nicht zu spät zu beginnen.

Vorteilhaft ist es, die Garnierungen genau festzulegen, oftmals erweist es sich als nötig, die Dekoration auf 5 bis 6 Arten zu beschränken, um den Arbeitsaufwand in einem vertretbaren Rahmen zu halten.

Gliederung

Bewährt haben sich rechteckige Platten mit reihenweise längs oder quer angeordneten Häppchen.

Auf der abgebildeten Platte werden 7 verschiedene Garniermöglichkeiten gezeigt, wobei die Häppchen quer gelegt wurden. Die Unterlage bilden rund ausgestochene und gebutterte Toastbrotscheiben.

Garnierung

1. Längsgeschnittene Eischeiben, der Länge nach halbiert. Champignonköpfe und Kapern.
2. Bratenscheiben mit Kiwistücken und kandierten Früchten.
3. Rohschinkenscheiben mit Ananas, wahlweise mit Kürbisstückchen oder Spargel.
4. Kochschinkenscheiben, Gewürzgurken und Maiskölbchen in Scheiben.
5. Zwei Salamischeiben, davon eine tütenförmig gerollt, mit Spargel, Paprika und Olivenscheiben.
6. Lachsschinkenscheiben mit Apfelmeerrettich, kandierten Kirschen und Kiwistückchen.
7. Edamerscheiben oder eine andere Käsesorte, passend ausgestochen, mit halbierten Trauben.

Kleine Häppchen, bunt variiert

Oft soll es nur ein Umtrunk im Freundeskreis oder im geschäftlichen Rahmen sein.

Ein kleines Häppchen zu einem prickelnden Glas Sekt hebt die Stimmung und rundet die Atmosphäre ab.

In der Tat: Ein pikantes, optisch ansprechendes Häppchen wertet den Anlaß und den Gastgeber auf. Da sich kleine Häppchen wegen ihrer Differenziertheit dem Kunden gegenüber schwer beschreiben lassen, sollte mit entsprechenden Fotos oder einer Kostprobe für diesen Part des Plattenservice geworben werden.

Gliederung

Gewählt wird eine ovale Schieferplatte, auf der reihenweise, in Querrichtung, die abwechslungsreich garnierten Häppchen gelegt werden.

Garnierung

1. Blätterteigpastetchen mit Käsecremefüllung, Mandarine und Paprika.
2. Halbierte Datteln mit Frischkäsezubereitung.
3. Pumpernickel, paprizierte Käsebällchen mit mandelgefüllter Olive.
4. Halbierte Feige mit Apfelmeerrettich zu Rohschinkenscheibe und schwarzer Olive.
5. Roggenbrottaler mit Käsecreme und Chilischote.
6. Walnüsse mit Kräuterkäsezubereitung.
7. Kräcker mit Käsesahne und schwarzer Olive, abgedeckt mit einem Paprika-Chip.

Das kalte Büfett (I)

Garnierte Platten werden für große und kleine Anlässe, wie fröhliche Geburtstage, für Skatabende, Konfirmationen, Kommunionen, Jubiläen, Verlobungen, Hochzeiten, aber auch für Trauerfeiern bestellt.

Außerdem sind Feste wie Ostern, Pfingsten oder Neujahr Termine, um an Platten zu denken.

Firmen sehen oftmals Platten für Empfänge, Sektfrühstücke und Geschäftsbesuche vor, wobei die Zahl der Teilnehmer von 10 bis 100 schwanken kann.

Ist das Fachgeschäft als Plattenlieferant bekannt, so stellt sich sehr bald die Aufgabe, ein vollständiges Büfett, z. B. für ein Geschäftsjubiläum, eine Einweihung oder einen Empfang der Stadt, zu präsentieren.

Für Fachgeschäfte, die in dieser Richtung eine gewisse Spezialisierung eingehen wollen, lohnt es, Kontakte zu größeren Firmen, der Handelskammer, dem Stadtrat und zu Vereinen zu halten.

Hier werden Anregungen zum Stehempfang mit kalten Häppchen bis hin zum großen warmen Büfett angenommen und bei passender Gelegenheit in die Tat umgesetzt.

Manche Fachgeschäfte betrachten kalte Büfetts als feste Umsatzgröße und Routinearbeit. Für andere Geschäfte stellt sich dagegen oft die Frage, welche Leistung Kunden erwarten, zu welchem Preis und wie das kalte Büfett personell bewältigt werden soll.

Da neben dem Plattenlegen zum Gestalten eines kalten Büfetts gewisse organisatorische Voraussetzungen unerläßlich sind, sollen zu diesem Thema einige wesentliche Aspekte näher behandelt werden.

Funktion und Aufbau des kalten Büfetts

Salopp gesagt, ist ein kaltes Büfett ein Speisenangebot in Selbstbedienung.

Der Gast erhält die Speisen nicht am Platz serviert. Er holt sie ab, wobei die Zusammenstellung und die Reihenfolge seinem Geschmack überlassen bleiben.

Abhängig vom Anlaß und dem vorhandenen Raum sind zwei Arten der Selbstbedienung üblich.

1. Teller, Bestecke, Gläser, Servietten und alles benötigte Geschirr sind separat aufgedeckt. Der Gast nimmt sich alles Nötige und wählt selbständig aus den angebotenen Speisen aus.
2. Es wird für jeden Gast am Platz vollständig gedeckt. Der Gast geht von seinem Platz aus zum kalten Büfett, um sich dort zu bedienen.

In manchen Fällen ist am kalten Büfett ein Teilservice üblich und vorteilhaft, der sich auf bestimmte Speisen und die Getränke konzentrieren kann.

Wenn niemand serviert, so sollte doch eine Person unauffällig die Platten nachlegen, die Speisen neu bzw. wieder appetitlich anordnen, wenn die „Trümmerfelder" zu groß werden. Leere Platten müssen abserviert werden, da sie den Gesamteindruck stören.

Zu beachten ist, daß bei einer länger andauernden Festlichkeit die Gäste Speisen nachholen. Das verlangt eine mengenmäßig etwas großzügigere Kalkulation und außerdem erhöhten Geschirr- und Besteckbedarf. Häufig wird der Platzbedarf zu knapp eingeschätzt.

Es sollte gewährleistet sein, daß genügend Anmarschweg zum kalten Büfett frei bleibt. Der Gast jongliert nur ungern mit gefülltem Teller durch enge Stuhlreihen.

Eine etwas luftigere Anordnung ist günstiger. Das gilt auch für die Platten auf dem kalten Büfett. Die Gäste können sich bei großzügiger Anordnung besser verteilen, der berüchtigte „erste Ansturm" und die „Schlacht am kalten Büfett" können dadurch leichter vermieden werden.

Sinnvoll hat sich folgende Anordnung des kalten Büfetts erwiesen.

Fortsetzung Seite 65

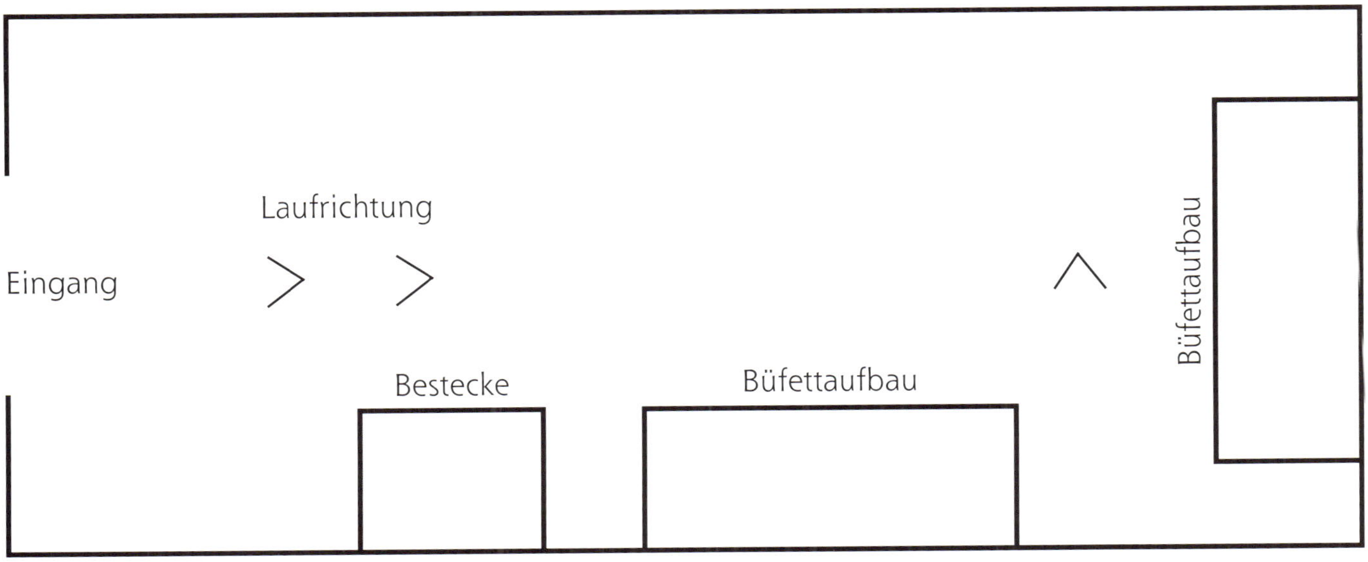

Dekorative Platte für den kleinen Empfang

Geschäftliche Anlässe und familiäre Feiern lösen den Wunsch aus, das besondere Ereignis in einem festlichen Rahmen zu begehen. Zum festlichen Umfeld gehört das stilvolle Bewirten der Gäste.

Bei größeren Anlässen steht das Büfett im Mittelpunkt. Für kleinere Empfänge in Form der zwanglosen Stehparty bieten sich individuell zusammengestellte Platten an.

Ein gutes Beispiel ist eine Platte mit Cocktailschnittchen. Sie reicht für 4 bis 5 Personen und wird wie folgt arrangiert:

Wildlachs mit Zitrone und gerissenem schwarzem Pfeffer, Schweinebraten mit Spargelspitzen, frischem Dill und Thymian, Roastbeef mit Waldorfsalat, Pumpernickel-Schnitten mit schwarzen Oliven in Streifen. Frische Shrimps und Kräutersauce, Karottenblüten, Gurken, frischer Dill sowie Oliven in Streifen. Tomaten mit Camembert, Walnußkernen und Zwiebelringen.

Hinweis

Um den festlichen Charakter der Platte zu betonen, wird eine Papierspitzendecke unterlegt.

Das kalte Büfett (II)

Da alle Menschen einen gewissen Rechtsdrall haben, sollte darauf Rücksicht beim Aufbau des kalten Büfetts genommen werden. Vorteilhaft ist die Mitte, aber auch der rechte bzw. der untere Teil eines Raumes, vom Eingang aus gesehen.

Hier spielen die Art der Veranstaltung und die Größe des Raumes eine entscheidende Rolle, wo der Aufbau letztlich am zweckmäßigsten erfolgen soll.

Der Gast sollte niemals auf das kalte Büfett „fallen", d. h., zunächst erfolgt seine Begrüßung, wofür genügend Platz einzukalkulieren ist.

Zur Dekoration

Ein kaltes Büfett gewinnt, wenn es dekorativ unter ein bestimmtes Motto gestellt werden kann, z. B. rustikaler Stil, Herbstzeit, winterliche bzw. weihnachtliche Stimmung.

Zum rustikalen Stil passen Wagenräder, bunte Bänder, Holzschüsseln und Holzbretter als Platten.

Die Herbstzeit können Weinlaub, Trauben, Weinkrüge und Herbstblumen charakterisieren, während als Weihnachtsmotive kleine Dekorationspuppenschlitten, Glocken, Kugeln und Sterne passen.

Dazu abgestimmt kann mit farbigen Tischtüchern eingedeckt werden. Es muß nicht immer auf reinweißen Tischen aufgebaut werden.

Mit dem Auftraggeber ist dabei jeweils abzustimmen, wie die Dekoration aussehen soll bzw. ob der Auftraggeber dafür selbst sorgt. Die Kostenfrage spielt hierbei eine wesentliche Rolle, da jede Dekoration Zeit beansprucht und Dekorationsmittel nicht billig sind.

Wer häufig kalte Büfetts aufbaut, kann sich einen Fundus an Dekorationsmitteln schaffen, der vielfach verwendbar ist. Dadurch lassen sich die Kosten für den Kunden wesentlich senken.

Günstig ist es in jedem Fall, Aufsätze in verschiedener Größe bereitzustellen. Kartons und wackelige Aufbauten eignen sich nicht, im Gegenteil, sie gefährden oft den Aufbau und damit das ganze kalte Büfett.

Als sehr praktisch erwiesen sich kleine Tischchen in der Größe von etwa 40 x 80 cm bzw. 40 x 60 cm in verschiedener Höhe.

Es genügen exakt zugeschnittene, umleimte Preßstoffplatten, an die Eisenfüße in der Größe von 16 cm oder 20 cm angeschraubt werden. Mit diesen Tischchen lassen sich stabile, abgestufte und sehr variable Aufbauten schaffen.

Durch Aufbauten lassen sich Teile des kalten Büfetts wirkungsvoller herausheben. Der Aufbau sorgt auch für eine bessere Gliederung und läßt das kalte Büfett insgesamt besser wirken.

Neben dem kulinarischen Genuß soll das Büfett auch optisch ansprechend wirken.

Platten und Zubehör

Ein kaltes Büfett kann für 30, 100 und mehr Personen bestellt werden. Ist der Auftrag im Haus, gilt der Blick dem Plattenbestand. Wie viele Platten, welche Größe und Art werden benötigt? Sind für Salate, Saucen und Beilagen passende Schüsseln und Schälchen vorhanden?

Diese Fragen erheben sich um so mehr, als es schwierig bzw. meist unmöglich ist, Platten auszuleihen.

Die Anschaffung von Platten, welcher Art auch immer, muß rechtzeitig erfolgen und als Betriebsausgabe gesehen werden, die sich nach einiger Zeit durch einen florierenden Plattenservice bezahlt macht.

Beschädigte oder unbrauchbare Platten gilt es zu ersetzen.

Als empfehlenswert hat sich eine Plattenkartei erwiesen, in der jede Platte erfaßt und durch eine Nummer gekennzeichnet ist. Diese Nummer sollte jeweils auf dem Lieferschein mitvermerkt werden, um die Platten dadurch genau zu identifizieren. Nur so läßt sich der Aus- und Eingang der Platten überwachen.

Zweckmäßig ist es, zwei verschiedene Sätze von Platten anzuschaffen.

1. Metallplatten, rund, oval, eckig, dazu passende Glas- und Porzellanschüsseln, für alle Anlässe, bei denen eine festlich-feierliche Linie erwartet wird.
2. Holzbretter in verschiedener Größe, lebensmittelrechtlich unbedenklich lackiert, dazu eine Auswahl aufeinander abgestimmter Keramikschüsseln.

Nicht vergessen werden sollen Vorlegegabeln, Salatbestecke und Löffel für Saucen, ebenso Behälter z. B. für Fruchtsalat. Meist entstehen hier Engpässe.

Wenn Geschirr oder Zubehör mitgeliefert wird, dann soll es stets einheitlich sein. Zusammengewürfelte Bestecke, Porzellan und auch Keramik nebeneinander können den Gesamteindruck eines aufwendig gestalteten kalten Büfetts erheblich schmälern.

Glücklicherweise läßt sich in diesem Bereich mit verhältnismäßig geringem Aufwand ein guter Fundus schaffen.

Die Personal- und Zeitfrage

Gehen wir davon aus, daß regelmäßig bereits garnierte Platten geliefert werden, so ändert sich an der Legetechnik nichts. Die Schwierigkeit liegt im Zeitbedarf, 10, 15 oder gar 30 Platten exakt und fristgerecht zu legen. Wer hat bisher die Platten gelegt? Wie lange wird durchschnittlich an einer Platte garniert? Wer könnte dabei mithelfen?

Vorteilhaft ist es, wenn alle betreffenden Mitarbeiterinnen eine etwa gleiche Legetechnik haben. Sollten sich sichtbare Leistungsunterschiede zeigen, so müssen die Hauptplatten von der besten Kraft gelegt werden. Eine

Fortsetzung Seite 67

Pökelwaren und Salami auf Schiefer

Manche Kunden bestellen in letzter Minute eine Aufschnittplatte, wenn sie eine Einladung geben wollen oder überraschend Besuch erhalten. Das Legen der Platte und die Lieferung müssen dann rasch erfolgen.

Dadurch sollen keinesfalls alle Grundsätze exakter Plattengestaltung über Bord geworfen werden. Zwangsläufig fällt die Arbeit aber meist freier, nicht so bis ins Detail durchgestaltet aus.

Es liegt in der Absicht dieses Buches, die Wirklichkeit so zu zeigen, wie sie ist. Wie oft kommt es vor, daß noch kurz vor Feierabend eine Platte gelegt werden soll.

Gliederung

Die Anordnung der Ware erfolgt ganz frei, wobei eine gewisse Längsachse erkennbar wird. Die Warengruppen werden durch ihren natürlichen Farbkontrast voneinander getrennt.

Da die Platte nicht exakt einem Rechteck entspricht, muß die Außenlinie dem Plattenrand folgen.

Um die Platte nicht überladen wirken zu lassen, wird bewußt ein genügend breiter Griffrand freigehalten.

Legetechnik

1. Salami, übereinandergelegt.
2. Bauernschinken in Scheiben.
3. Rohschinken, gefaltet.
4. Kochschinken, gerollt.
5. Die übrigen Pökelwaren, übereinandergeschlagen und angelegt.

Garnierung

Die Garnierung orientiert sich an der Ware. Da die Platte rasch gelegt sein sollte, werden Gurken, Oliven und Spargelstangen ganz gelegt. Als kleiner, dekorativer Luxus können die Tomatenrosen und die halbierten Wachteleier gesehen werden.

Das kalte Büfett (III)

Mithilfe bei der Vorbereitung der Garnierung, das Vorschneiden der Ware und viele kleine Handreichungen können zu einer Entlastung beitragen.

Da für das Ein- und Ausladen, die Fahrt und den Aufbau eine gewisse Zeit notwendig ist, müssen das Plattenlegen und die Auslieferung der Ware koordiniert werden.

Es erweist sich in diesem Zusammenhang als recht nützlich, mit dem Auftraggeber folgende Punkte abzuklären:

1. Wann kann angeliefert werden? Wann wird an den Verzehr gedacht?
2. Wie ist die Zufahrt? In Neubaugebieten können oft unvorhergesehene Hindernisse auftreten.
3. Wer ist im Haus bzw. im Saal zum vereinbarten Zeitpunkt anwesend? Es hat schon mancher Wagen mit Platten dagestanden, weil sich die festliche Gesellschaft verspätet oder noch zu einem Spaziergang entschlossen hat. Dies kann die beste Zeitplanung ins Wanken bringen.
4. Werden die Tische für das kalte Büfett vom Auftraggeber eingedeckt, oder muß dafür selbst gesorgt werden?

   Es sollte dabei sicherheitshalber von nur wenig Eigenleistung des Auftraggebers ausgegangen werden, der meist genug Probleme mit seinen Gästen und privaten Vorbereitungen hat.

   Eine Checkliste ist in dieser Beziehung sehr nützlich. Sie kann immer wieder als Unterlage dienen und trägt dazu bei, daß nichts vergessen wird.

Doppelte Fahrten verursachen Hast und zehren an den Nerven. Nur zu leicht verärgern sie unnötigerweise den Auftraggeber.

Auf jeden Fall sollte eine geübte Mitarbeiterin den Aufbau des kalten Büfetts vornehmen bzw. überwachen und der einen oder anderen Platte noch den letzten Schliff geben.

Eine Nachkorrektur der oftmals verrutschten Garnierung ist vielfach notwendig.

Gleichzeitig kann der Auftraggeber seine Zustimmung zum Aufbau geben und die perfekte Lieferung bestätigen – ein oft wichtiger Punkt für die Zufriedenheit des Kunden.

Zusammenstellung eines kalten Büfetts

Die Vorspeisen

Zu Vorspeisen können Fisch, Schinken, Häppchen oder Cocktails erklärt werden.

Einige Vorschläge dazu:

Geräucherte Lachsscheiben, Forellenfilets, geräuchert, Rohschinkenröllchen mit Spargel, Schinken vom Brett mit Melone, Ananas- oder Orangenecken, Krabbencocktail, darauf abgestimmt Dillsauce, Sahnemeerrettich, französisches Weißbrot, Butter.

Der Hauptteil

Naturgemäß werden Wurst-, Fleisch- und Bratenplatten dominieren, wobei sich die Art der Platten nach den Wünschen der Kunden orientiert. Außerdem ist es eine finanzielle Frage. Können pro Person z.B. 20 oder 25 DM eingesetzt werden?

Einige Vorschläge für Hauptplatten:

Platten mit gekochtem Schinken, gemischter Pökelware und gefüllter Kalbsbrust, Schweinefilets im Kräutermantel. Rustikales Vesperbrett mit Thüringer Rotwurst, grober Leberwurst, Balkanwürstchen. Rohwurstplatte mit Pfeffersalami, Schlackwurst, Schinkenplockwurst. Platte mit gemischtem Aufschnitt, Leberpâté in der Terrine, aber auch mit Roastbeef, Rehrücken, Schweinerücken, Schinken oder Kasseler im Brotteig, Geflügelplatte.

Die Möglichkeiten sind so vielfältig, daß wirklich nur einige Beispiele genannt werden können.

Als Ergänzung eignen sich verschiedene Salate, wie z.B. Spargel-, Geflügel-, Eier-, Frühlings- und Waldorf-Astoria-Salat. Zur optischen sowie geschmacklichen Abrundung können noch empfohlen werden: Senffrüchte, Mixed Pickles, Kürbis, süß-sauer, Gurken, eingelegte Pilze, Perlzwiebeln, Cumberlandsauce, Senf-Pfeffer-Sauce, Virginiasauce, Hälften von russischen Eiern, gefüllte Tomaten, um nur einige weitere Möglichkeiten anzudeuten.

Käse und süße Nachspeisen

Käse schließt den Magen, sagt ein altes Sprichwort. Er gehört zu jedem kalten Büfett dazu und kann von jedem Fleischerfachgeschäft mitgeliefert werden.

Da die Auswahl groß ist, gilt es, Art und Anzahl der Käsesorten mit dem Kunden abzustimmen. Empfehlenswert ist es, lieber zwei oder drei Käseplatten zu legen anstelle einer großen Käseplatte. Die kleineren Platten lassen sich besser verteilen, die Gäste drängen weniger auf engem Raum.

Bei der Garnitur gelten für Käse die gleichen Grundsätze wie bei Fleisch- und Wurstwaren. Da Käse farblich weniger Kontrast bietet, sollte die Garnierung etwas lebhafter gewählt werden.

Einige beliebte Käsesorten für das Käsebrett

Edamer, Gouda, Emmentaler, Butterkäse, Camembert, Brie, Appenzeller, Thurgauer, Greyerzer, Valmeuse, Edelpilzkäse, Pfefferkäse, Kümmelkäse, Virginia-Käsebällchen.

Als Ergänzung und Dekoration eignen sich:

Datteln, Feigen, Nüsse, Trauben, Pflaumen in Cognac, gehackte Zwiebeln, Paprika, Kümmel, grüner Pfeffer, Radieschen, Pumpernickel und Butter in portionsgroßen Kugeln.

Fortsetzung Seite 69

Kochpökelwaren mit Früchten

Diese Platte betont mit ihrer Dekoration die Kombination der Fruchtnote zu Kochpökelwaren. Es ist eine interessante Idee, die sicherlich ihre Liebhaber findet.

Eine häufig verlangte Kochpökelwarenplatte, die aus dem Normalsortiment rasch und ohne besonderen Aufwand zusammengestellt werden kann.

Die Fruchtgarnierung gibt dieser Platte einen anspruchsvollen Charakter.

Die Platte kann als selbständiges Arrangement oder im Rahmen eines kalten Büfetts angeboten werden.

Sie ist optisch ansprechend und geschmacklich abwechslungsreich.

Gliederung

Die Grundlage der Gliederung bildet eine Mittelachse, die sich durch die unterschiedliche Legetechnik nicht so deutlich abzeichnet. Gelegt wurde vom Rand zur Mitte hin, wobei verhältnismäßig viel Platz in der Mitte für die Garnierung übriggelassen wurde.

Die Garnierung wird in diesem Falle als fruchtige Beilage verstanden.

Legetechnik

1. Rinderschinken in Scheiben, flach gelegt.
2. Schweinerücken und Lachsschinken, gefaltet.
3. Schwarzgeräuchertes und Kochschinken, gerollt.

So auslegen, daß man von Anbeginn jede Sorte wegnehmen kann, ohne das Bild der Platte sofort zu zerstören.

Garnierung

Kiwi in Scheiben, Erdbeeren halbiert, Datteln und Birnen.

Das kalte Büfett (IV)

Für den süßen Nachtisch, wie Torten und sonstiges Gebäck, sorgt meist der Konditor bzw. der Gastgeber selbst.

In jedem Fall kann vom Fleischerfachgeschäft zum Abschluß ein Fruchtsalat empfohlen werden.

Geeignet sind Früchte aus der Dose, die mit frischen Früchten wie Äpfeln, Bananen, Apfelsinen oder Ananas bereichert werden. Durch die frischen Früchte gewinnt der Fruchtsalat an Aroma. Ein Schuß Orangenlikör und etwas Kirschwasser als Kontrast verfeinern diesen Fruchtsalat zu einer Delikatesse. Er kann auch mit Eis kombiniert werden.

Wie groß ist der Appetit?

In diesem Zusammenhang taucht die Frage auf, wieviel Fleisch- und Wurstwaren pro Person kalkuliert werden müssen. Die Menge schwankt stark, abhängig von der Art der Veranstaltung und den Gästen. Von einem kalten Büfett anläßlich eines Sommerfestes mit vorwiegend jugendlichen Gästen wird mehr verzehrt als bei einer Feier mit Senioren.

Hier müssen die besonderen Umstände jeweils berücksichtigt werden. Als Faustregel gilt, daß bei einer länger dauernden Party 450 bis 500 g als Verzehr pro Person gerechnet werden sollten, einschließlich Käse und Salat.

Auf Fleisch- und Wurstwaren entfallen 250 bis 350 g pro Person. Im Gegensatz zum Service am Platz wird vom kalten Büfett mengenmäßig mehr gegessen.

Brot und Brötchen

In der Not schmeckt die Wurst auch ohne Brot, sagen wir oftmals scherzhaft. Tatsächlich würden wir es als Mangel empfinden, wenn bei einem kalten Büfett das Brot fehlen würde. Wir erwarten sogar eine Auswahl verschiedener Brötchen- und Brotsorten.

In dieser Hinsicht sind die Ansprüche größer als früher. Das ist heute auch kein Problem. Die Bäcker bieten eine reiche Auswahl verschiedener Backwaren an. Einige Kenntnisse über Brot können Ihnen dabei nützlich sein.

Wenden Sie also bitte jetzt Ihre Aufmerksamkeit dem Brot zu. Eine Übersicht gibt die Situation in diesem Bereich wohl am besten wieder.

1. Pumpernickel

Mit dieser Brotsorte lassen sich farblich und geschmacklich reizvolle Kontraste schaffen. Es paßt besonders gut zu Käse.

2. Vollkornbrot

Hier fällt die Wahl aus der Fülle schwer.

Je nach Gegend gibt es dafür die verschiedensten Bezeichnungen und Formen, wobei das Bäckerhandwerk ebenfalls bemüht ist, das Interesse seiner Kunden durch Abwechslung und Neuheiten wachzuhalten.

Die Krume der Vollkornbrote ist grob gekörnt, etwas weich. Der Geschmack tendiert leicht ins Säuerliche.

3. Roggenbrot

Der Geschmack dieser Brote ist kräftig. Sie trocknen auch aufgeschnitten nicht so rasch aus und passen ideal zu rustikalen Fleisch- und Wurstwaren.

Gerne gegessen werden Kasten-, Kosaken- oder Paderborner Brot sowie kräftig gebackene Roggenbrote.

4. Roggenmischbrot

Diese Brotsorten werden mengenmäßig am meisten verzehrt. Es bleibt deshalb immer die Frage offen, ob ein kaltes Büfett nur mit bekannten Brotsorten oder auch mit neuen Spezialitäten beschickt werden soll. Meist ist der Effekt des Neuen ein besonderes Erlebnis für den Gast, dessen Wirkung genutzt werden sollte.

5. Weizenmischbrot

Bei diesen Brotsorten überwiegt der Anteil an Weizenmehl. Die typischen Vertreter sind schwäbisches Bauernbrot, Schweizer Brot und sehr dekorative runde Brotlaibe.

6. Weizenbrot

Sehr beliebt sind französische Baguettes, Stangenbrote nach französischer Art. Die eignen sich für Sandwiches und belegte Häppchen.

Interessant sind auch die sogenannten Sardellenbrote, das sind Weißbrote, die ganz rund als Stangen gebacken werden.

Je nach Anlaß können Sie auch Knäckebrot, Brezeln, Salz- und Käsestangen dazunehmen.

Auf keinen Fall sollte aber ein reichhaltiger Brötchenkorb fehlen. Hier sollen nur Roggen-, Piraten-, Sesam-, Mohn-, Graham- und Partybrötchen sowie Salz- und Laugenbrezeln erwähnt werden.

Abschluß des Festes mit einer deftigen Mitternachtssuppe

Zum Abschluß des Festes, wenn das kalte Büfett abgeräumt ist, möchte mancher Gastgeber seinen Gästen noch einen kleinen Imbiß anbieten. Pfiffig und stets willkommen ist eine „Mitternachtssuppe", die problemlos erhitzt und rasch serviert werden kann. Besonders geeignet sind dafür: Gemüsegulaschsuppe, Mexikanische Bohnensuppe, legierte Tomatensuppe und Farmersuppe. Rezeptvorschläge finden Sie auf den Seiten 135, 136 und 137.

Die Suppen werden tischfertig vorbereitet, in Sterildärme gefüllt und dem Kunden so geliefert.

Die Hausfrau kann die Suppe dann entweder im Darm im Wasserbad erwärmen oder den Darm aufschneiden und die Suppe wie üblich im Topf erhitzen.

Fortsetzung Seite 71

Festliche Schinkenplatte

Diese Platte demonstriert in konzentrierter Form reiche Auswahl und Appetitlichkeit der Ware. Sie könnte verschiedene Funktionen erfüllen.

1. Als selbständige Platte für den festlichen Anlaß.
2. Für ein kaltes Büfett.
3. Als Angebotsplatte zur Spargelzeit.
4. Als Schauplatte für Theke und Schaufenster.

Die Platte besticht durch den natürlichen Farbunterschied der gelegten Ware und die zurückhaltende Dekoration. Das Verhältnis Roh- zu Kochpökelware ist ausgewogen.

Diese Platte eignet sich auch hervorragend als Blickfang für die Koch- und Rohschinkenwerbung.

Gliederung

Die Anordnung folgt der Plattenform. Zunächst werden zwei Reihen Kochschinken streng gelegt. Es folgen drei Reihen mit gefaltetem Rohschinken, zur Mitte hin spitz zulaufend. Auf der gegenüberliegenden Seite werden Schinkenröllchen und Spargelstangen angeordnet. Die Artischocken werden in drei Längsreihen angelegt. Den verbleibenden Raum füllen gefaltete Rohschinkenscheiben aus.

Legetechnik

1. Kochschinken, umgelegt und gerollt.
2. Rohpökelware, gefaltet.

Garnierung

Bei dieser Garnierung kann von vornehmer Zurückhaltung gesprochen werden, die auf einen festlichen Eindruck zielt.

Die Radieschenröschen schaffen einen lebhaften Mittelpunkt mit viel Weiß, das zur Ware auffällig kontrastiert.

Einige grüne Blätter verstärken diesen Eindruck.

Damit sich die Radieschen besser halten, werden sie in gesalzenem Eiswasser einige Zeit vorbehandelt.

Der Spargel wird nicht zu weich gekocht. Zur Steigerung des Kontrastes können grüne und helle Spargelstangen abwechselnd gelegt werden.

Ohne Änderung der Legetechnik kann die Platte auch mit Gurken, Mixed Pickles, Maiskölbchen oder Ananas, Orangenscheiben und Melonenstückchen garniert werden.

Das kalte Büfett (V)

Ein Tip in dieser Richtung wird meist dankbar angenommen, da meist an die letzten Stunden und den Ausklang einer Party weniger gedacht wird.

Wenn wir auf die Gestaltung eines kalten Büfetts zurücksehen, dann stellen wir fest, daß es für die Gestaltung und Zusammenstellung der Speisen keine starren Regeln gibt.

Aufbau, Menge und Art der Speisen richten sich nach der Lebensgewohnheit des Auftraggebers, nach den Gästen sowie den räumlichen Möglichkeiten.

Als Ziel gilt: Das kalte Büfett soll allen schmecken, optisch gefallen und zu einer gelösten, geselligen Atmosphäre beitragen.

Vorschläge für Büfetts (I)

Klassisches Büfett

Begrüßungscocktail

Orangen-Sekt mit einem Spritzer Gin.

Vorspeisen

Leberpastete aus der Terrine – Eierhälften, russisch – Gefüllte Tomaten – Forellenfilet, geräuchert, mit Sahnemeerrettich – Heringstopf.

Hauptteil

Gekochter Schinken – Pökelbraten – Kasseler Spargelsalat – Senfsauce.

Schwäbisches Vesperbrett

mit Hausmacher-Wurstspezialitäten wie grobe Leberwurst, Preßkopf, Blutwürstchen, geräucherte Schinkenwurst, Fleischkäse, Gurke und Mixed Pickles.

Gemischte Platte

mit Rohwurstspezialitäten, z. B. mit Pfeffersalami, Schinkenplockwurst, Zwiebelmettwurst, Balkanwürstchen, grobe Mettwurst, Teewurst, Pfeffersäckchen.

Gemischte Platte

mit gefüllter Kalbsbrust, Bierschinken, Mortadella, Jagdwurst, Bierwurst.

Gemischte Platte

mit Rohpökelwaren wie Rohschinken, Lachsschinken, gepökelter Hals, Nußschinken, Speck.

Salate

Kräuterfleischsalat mit Mayonnaise – Schweizer Wurstsalat – Italienischer Salat.

Käsebrett

Pfefferkäse, Kümmelkäse, Emmentaler, Weißer Käse, zubereiteter Käse mit Kräutern, dazu Nüsse, Trauben, Pfeffer, Zwiebeln, gehackt, Paprika und Kümmel.

Nachtisch

Fruchtsalat, Mitternachtssuppe mit Roggenbrot oder auch Partybrötchen, Brot und Brötchen, verschiedene dunkle Brotsorten und Brötchen.

Großes Festbüfett

mit Braten, Wurst, Spezialitäten im Teig sowie vielen anderen Gaumenfreuden.

Die Kunst besteht darin, die vielfältigen Geschmackswünsche der Gäste zu erfüllen und gleichzeitig für das Auge eine anziehende Tafel zu gestalten.

Obwohl sehr unterschiedliche Anforderungen gestellt werden, ist es zweckmäßig, jedes geplante und durchgeführte Büfett schriftlich festzuhalten.

Bei Bedarf kann dann immer aus einer erfolgreichen Erfahrung geschöpft werden.

Verschiedene Käsesorten vom Brett

Zwiebelkräuterquark in der Terrine, Emmentaler in Würfeln, Appenzeller in Portionsscheiben und Camembertecken, die mit Pfeffer und Kräutern gewürzt werden.

Fruchtsalat

Aus frischen Früchten nach der Jahreszeit.

Schokoladen-Mousse

Aus der Schale mit Vanillesauce.

Fortsetzung Seite 73

Aufschnittplatte

Es gibt viele Kunden, die einen persönlichen Anlaß hervorheben möchten. Sie wollen kein großes Gelage, suchen mehr die intime, festliche Atmosphäre. Für diese Kunden sind kleine, abwechslungsreiche Platten das richtige Angebot für gepflegte Tafelfreuden. Ergänzend kann dazu eine Vorspeise oder eine kleine Käseplatte empfohlen werden.

Die Platte besticht durch ihr harmonisches Arrangement und das sparsame, kontrastierende Dekor.

Die runde Edelstahlplatte eignet sich besonders gut für diese qualitativ hochwertige Zusammenstellung.

Gliederung

Vom Rand aus reihenweise gelegter Aufschnitt bildet das Ordnungsprinzip. Abhängig von der Materialmenge, werden die Scheiben enger bzw. mit größerem Abstand gelegt. Die Symmetrie kann durchgehalten werden, wenn die Reihen konsequent an den Kochschinken anschließen. In diesem Falle wird die strenge symmetrische Anordnung etwas aufgegeben, um zu zeigen, daß auch Lachsschinken, Braten oder andere Ware ganz nach der Wahl des Kunden geschmackvoll dazugelegt werden kann.

Legetechnik

1. Brühwurstaufschnitt in Scheiben, übereinandergelegt.
2. Lachsschinken, entweder gefaltet oder übereinandergelegt.
3. Kochschinken, gerollt.
4. Rohwurst, übereinandergelegt oder als Tütchen.

Garnierung

Da die Anschnitte der Ware lebhaft wirken, sollte keine zu „laute" Garnierung dazugesetzt werden.

Diese Platte schließen am besten Tomaten, Gurken, auch gefächert, Artischockenböden oder fruchtige Dekors ab. Die Platte verlangt nur wenig Garnierung.

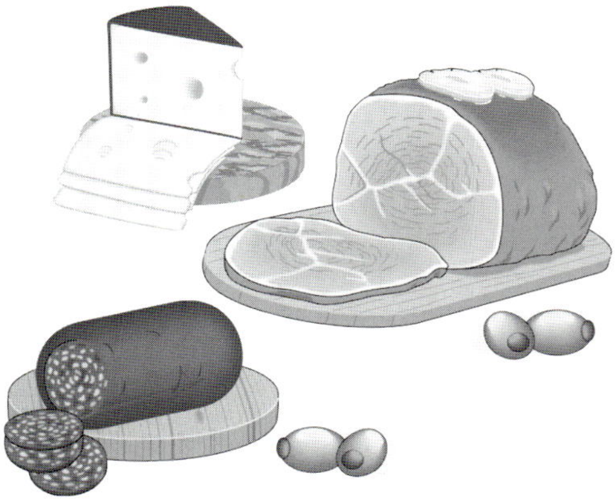

Vorschläge für Büfetts (II)

Verschiedene Brötchensorten

Aus dem Korb. Brot aufgeschnitten, vom Brett.

Für den späten Abend als Mitternachtssuppe

Gemüse-Gulaschsuppe oder Dalmatinische Bohnensuppe.

Ein Büfett ist eine Zusammenstellung von Speisen, die sich nach dem Anlaß, den Wünschen der Gäste, jahreszeitlich oder nach einem bestimmten Motto orientieren kann.
Denkbar sind:

Italienisches Büfett

mit Pizza, Salami, Rohschinken, deftigen Salaten und Käse.

Dänisches Büfett

mit Heringshappen, viel Fisch und kalten Braten.

Kleines Sommerbüfett

mit einem Braten oder einer Grillade im Mittelpunkt.

Silvesterbüfett

mit ausgewählten Schlemmereien.

Ländliches Büfett

Kalt-warm.

Kräutergriebenschmalz in Keramikschüssel mit Roggenbrot.

Kartoffelsuppe.

Tiroler Gerstelsuppe.

Grillschinken oder andere Bratenstücke, heiß serviert.

Bratwürste aller Art.

Hackbraten.

Verschiedene Rohpökelwaren auf dem Holzbrett (Tiroler Bauernspeck, gepökelter Nacken, Lachsschinken, Schwarzwälder oder Westfälischer Schinken).

Rustikale Wurstwaren vom Holzbrett

Pfefferblutwurst, Leberpastete, fein, Landleberwurst, Bierschinken, Jagdwurst, Zwiebelmettwurst, Pfefferrohwürstchen, Salami.

Zubereitetes Hackfleisch auf Keramikplatte

Portionssülzen in kleinen Terrinen

Kräuterfleischkäse, heiß, vom Brett

oder Schweinenacken, Brustspitzen und Schweinehaxen, heiß, vom Brett.

Salate

Würstchensalat mit Käse und Gemüse

Prinzeßbohnensalat

Reissalat

Kartoffelsalat

Saucen

Kräuter-Senfsauce

Tomaten-Kräutersauce

Preiselbeermeerrettich

Stehempfänge

mit kleinen Häppchen, gemischt mit Fisch, Braten, Koch- und Rohpökelwaren, Wurst, Käse und Salaten.

Die kleine Party

mit 2 bis 3 Platten nach den Wünschen des Auftraggebers und abhängig vom Anlaß.

Anstelle einzelner Platten kann auch auf einer einzigen großen Platte serviert werden.

Ein Beispiel dazu: Jeweils in einer Ecke Lachs, dann Roh- und Kochpökelwaren, Käse und Früchte. Im Mittelpunkt Beilagen, die farbig ausgarniert werden.

Geburtstags- oder Hochzeitsbüfett

Horsd'œuvres
Lachsscheiben, geräuchert
Forellen, geräuchert
Wachteleier mit Kaviar
Butter, Dillsauce
Sahnemeerrettich
Weißbrot
Gefüllte Kalbsbrust
Schweinefilet im Kräutermantel
Pökelbraten
Mixed Pickles, Kürbis,
Perlzwiebeln, Gurken,
Senffrüchte, Cumberlandsauce,
Zigeunersauce
Senfsauce, Pfeffersauce
mit grünem Pfeffer
Rote Bete mit Meerrettich
Kräutersauce
Schinken vom Brett
mit Melone, Ananas, Orangenecken
Gekochter Schinken
Spargelsalat
Schwäbisches Vesperbrett
hausgemachte Wurstsorten
in Scheiben
(grobe Leberwurst, Preßkopf,
Thüringer Rotwurst, gerauchte
Schinkenwurst)
Leberpâté aus der Terrine
Eierhälften, russisch
Gefüllte Tomaten
Gefüllte Platte mit Rohwurst-Spezialitäten, Pfeffersalami, Zwiebelmettwurst, Schlackwurst, Schinkenplockwurst
Käsebrett
Pfefferkäse, Kümmelkäse, französischer Edelkäse, weißer Käse mit Kräutern, Hartkäse, dazu Nüsse, Trauben, Pflaumen in Cognac, Kümmel, Pfeffer, Zwiebeln, Paprika
Waldorfsalat
Gemüsesalat
Mexikosalat
Zigeunersalat
Paprikasalat
Geflügelsalat mit Curry
Fruchtsalat
Aufschnitt der Geburtstagstorte
Kaffee, türkisch oder irisch, mit Whiskey und Schlagsahne
Mitternachtssuppe mit Roggenbrot

Festliche Bratenplatte

Zweierlei Braten wurden hier mit verschiedener Legetechnik kontrastierend gelegt. Nach dem gleichen Prinzip lassen sich Koch- und Rohschinken auf eine Platte legen oder Brühwurstsorten zur Rohwurst setzen. Von der Idee nicht alltäglich und vom Geschmackswert interessant.

Eine Bratenplatte, die durch ihren Farbkontrast zwischen Roastbeef und gegartem Schinkenrücken besticht. Die großzügige Anordnung und die dezent farblich abgestimmte Garnierung geben der Platte einen eleganten, festlichen Gesamteindruck.

Bewußt wurde hier eine ovale Legeart für eine eckige Platte gewählt, um die Spannung zwischen Ware und Fläche gestalterisch zu nutzen.

Gliederung

Die Mittelachse verläuft quer zur Platte. Dementsprechend wurden die beiden Bereiche straff gegliedert. Die Verbindung zwischen den Gegensätzen schafft die Dekoration.

Legetechnik

Roastbeef in etwa 2 mm dicke Scheiben schneiden. Scheiben so legen, daß beide Außenkanten in der Scheibenmitte aufeinanderkommen. Dadurch ergibt sich ein rosettenartiges Muster.

Schweinerücken in 1 bis 2 mm dicke Scheiben schneiden. Die Scheiben mit einer Seite aufsetzen.

Scheibenenden nach außen, fächerförmig anlegen.

Garnierung

Gurkenrosen, gefederte Tomaten und ein grüner Tupfen Petersilie.

Der Computer plant den Party-Service (I)

Kaum ein Fleischerfachgeschäft verzichtet heute auf den Party-Service als zweites Standbein. Immerhin bietet es sich an, die Fleisch- und Wurstwaren weiter zu veredeln und somit ein lukratives Geschäft zu erschließen. Dies ist mit zusätzlicher Arbeit und mit einem Materialaufwand verbunden, der über das Normale hinausgeht. Genaue Kalkulation gilt als Schlüssel zum berechenbaren Erfolg, wenn die Stunden außerhalb der Ladenöffnungszeiten sich lohnen sollen und der Kunde ein gutes Preis-Leistungs-Verhältnis erwartet.

Zahlreiche Programmangebote

Zu einem leistungsfähigen Party-Service gehört die neuzeitliche Datenverarbeitung.

In diesem Bereich wurden zahlreiche Programmvarianten weiterentwickelt und praxisgerecht ausgerichtet. Die Programme werden von verschiedenen Software-Herstellern für den PC-Einsatz angeboten. Ein funktionsfähiges Programm liefert die DATA-MEAT, das hier beispielhaft beschrieben werden soll.

Dieses Programm hat die Aufgabe, Party-Service-Unterlagen für den Kunden zu erstellen, Menüs zu kalkulieren und Vorschläge zu verwalten, Beratungszeiten zu verkürzen und die interne Organisation zu verbessern. Das Party-Service-Programm läuft nur in Verbindung mit dem Stammdaten-Programm und hat auf dieses einen direkten Zugriff. Ein optimaler Einsatz des Party-Service-Programms ist in Verbindung mit dem Fakturier-Programm zu erreichen. Das Programm wird als Einplatz- oder Mehrplatz-System (Netzwerk) angeboten. Durch eine Matchcodefunktion wird Ihnen das Suchen nach einem Artikel wesentlich erleichtert. Sie müssen daher keine Nummern auswendig lernen, die Auswahl erfolgt über den Namen mittels einer Balkenfunktion. Klarer Bildschirmaufbau (Übersicht). Übersichtliche Befehlsangaben mit automatischer Bedienerführung, d. h., es wird einem gesagt, was man zu tun hat. Zu 99 % werden alle logischen Antworten hinterlegt, so daß eine hohe Anwenderfreundlichkeit besteht. Ein Datenaustausch erfolgt automatisch im Hintergrund mit allen aktivierten Programmen.

Hardware-Voraussetzungen

PCs mit einer Festplatte von 20 MB oder größer und dem Betriebssystem MS-DOS, Version 3.3 oder größer, und mit einem Arbeitsspeicher von 640 KB oder größer.

Stammdaten verwalten

Hier werden durch weitere Unterprogramme die Stammdaten verwaltet.

Basispreis verwalten

Die entsprechende Basispreisliste wird hier aktiviert.

Weitere Stammdaten

Aus den Stammdaten Party-Service kann man in die eigentlichen Stammdaten wechseln, ohne das Party-Service-Programm verlassen zu müssen.

Reihenfolge verwalten/drucken

Bis zu 12 Reihenfolgen eines Menüs können als Summenbildner der Verzehrsmenge frei definiert werden. Aus den Menü-Bestandteilen errechnet sich automatisch die Verzehrsmenge pro Person und wird zur Kontrolle immer angezeigt.

Speisenfolgen verwalten/drucken

Die Speisenfolge wird hier definiert, z. B. Vorspeise usw.

Anlässe verwalten/drucken

Die Anlässe werden in einer Datei verwaltet und bei Bedarf eingesetzt.

Personenkreis verwalten/drucken

Der Personenkreis wird hier angelegt und verwaltet.

Bestandteile verwalten

Durch Unterprogramme werden die Bestandteile/Speisenfolge bearbeitet und gedruckt.

Bestandteile bearbeiten

In der Speisenfolge (z. B. Vorspeisen) werden aus dem Artikelstamm alle Vorspeisen mit Verzehrsmenge, Reihenfolge (Summenbildner) und Sortierfolge angelegt. Der Material-/Einstandspreis und der Verkaufspreis müssen vorhanden sein.

Bestandteile drucken

Wenn die Bestandteile mit Verzehrsmenge in die Speisenfolge eingelesen wurden, können diese mit diesem Programm ausgedruckt werden.

Bestandteile/Speisenfolge drucken

Wenn in die Speisenfolge alle angebotenen Artikel eingelesen wurden, werden diese automatisch in eine Textverarbeitung zur Bearbeitung übernommen. Bis zu sechs Texte in den Speisenfolgen können nun auf ein DIN-A4-Blatt zusammengestellt werden, z. B. alle Vorspeisen, Stehempfang, Pastetchen, Suppen/Eintöpfe usw. Mit diesem Programmteil werden Ihre Party-Service-Vorschläge als Präsentationsmappe für den Kunden zusammengestellt, so daß der Kunde in aller Ruhe sein Menü individuell zusammenstellen kann.

Menü-Kalkulation

Folgende Unterprogramme stehen zur Verfügung.

PTS-Menü bearbeiten

Mit diesem Programm werden die einzelnen Menüs zusammengestellt und kalkuliert. Die Reihenfolge (Summenbildner) zeigt auf, wie sich das Menü als Verzehrsmenge pro Person zusammensetzt, z. B. Vorspeise, Suppe, Fleisch, Salat, Gemüse, Beilagen, Fisch, Käse, Backwaren, Dessert usw. Das Programm rechnet alle Artikel in Stück-

Fortsetzung Seite 77

Große Rohschinkenplatte

Diese Platte wirkt fast architektonisch und besticht durch ihre Höhe. Um diesen Effekt zu erreichen, wurden auf drei Stufen unterschiedliche Rohpökelwaren reihenweise übereinandergelegt.

Eine Platte, die sich für die Spargelzeit eignet oder im Rahmen eines kalten Büfetts zu einem Blickfang werden kann.

Gliederung

Die Anordnung der Ware orientiert sich an der Längsachse. Die verschiedenen Rohpökelwaren wurden segmentartig auf drei Ebenen gelegt. Diese Legeweise unterstreicht den Höheneffekt. Die vierte Etage wurde zum abschließenden Mittelpunkt.

Legetechnik

1. Lachs- und Rohschinken in Scheiben, übereinandergeklappt, reihenweise gelegt.
2. Bündner Fleisch, gefaltet.

Garnierung

Oliven, Gürkchen, Maiskölbchen, Paprika und Radieschen zu einem abschließenden Bukett arrangiert. Die Ware wird in den dekorativen Aufbau miteingeschlossen. Den Blickfang bilden Pumpernickel mit Butter, mit Dill dekoriert.

Der Computer plant den Party-Service (II)

oder kg-Preisen automatisch in den Preis pro Person um. Service-Leistungen (Anfahrt, Aufbau, Servieren, Abbau, Geschirr, Dekoration) können in den Preis pro Person eingerechnet werden. Eine interne SOLL-Preiskalkulation überprüft die Richtigkeit Ihres IST-Verkaufspreises. Eine zusätzliche Kostenträger-Rechnung ermittelt Ihren Rohaufschlag in DM und Prozent.

PTS-Menü kopieren

Die Menüerweiterung Ihres Sortiments wird durch das Kopieren ähnlicher Menüs wesentlich erleichtert.

PTS-Menü drucken

Hier können zwei Arten von Menüs ausgedruckt werden, das vollständige Menü mit allen kalkulatorischen Werten und Verzehrsmengen für den Chef sowie eine Menüanweisung in DIN A5, die als Rezepturmappe für die Küche erstellt wird. Diese Rezepturanweisung enthält die Rezeptur mit Herstellungsanweisung ohne Preise. Die zwei Menüarten können (von–bis) ausgedruckt werden.

Alle PTS-Menüs kalkulieren

Verändert sich der Einkaufspreis, können Sie durch das Anwählen dieses Programms alle Menüs automatisch neu errechnen und über das Preis- und Rentabilitäts-Programm auswerten lassen.

Vorschläge verwalten

Mit diesem Programm stellen Sie die Kundenwünsche zusammen. Der Preis pro Person und die Verzehrsmenge werden errechnet. Mögliche Service-Leistungen können versteckt berechnet werden. Das zusammengestellte Menü kann automatisch als Vorschlag/Speisekarte erstellt und für den Kunden ausgedruckt werden.

PTS-Vorschlag kopieren

Auch in diesem Programmteil können Vorschläge kopiert und weiter bearbeitet werden.

PTS-Vorschlag drucken

Das separate Druckprogramm kann die Menüs als Vorschlag/Speisekarte und als Küchen-/Rezepturanweisung (von–bis) ausdrucken.

Angebot erstellen

Mit diesem Programm wird ein Angebot kundenspezifisch erstellt und bearbeitet. Kundendaten werden hier erfaßt, z. B. Personenanzahl, Anlaß, Anlieferungs-Ort, -Datum und -Zeit, Essenszeit und Personenkreis. Mit dem Angebotsausdruck für den Kunden erfolgt sofort ein Ausdruck mit den Kundendaten und den Mengenberechnungen für diesen Anlaß zur Information für die Küche.

Geschirrliste drucken

Eine kundenspezifische Geschirrliste kann zur besseren Kontrolle ausgedruckt werden.

Speisepläne drucken

Weitere Speisekarten für diesen Anlaß können sofort gedruckt werden.

Fakturier-Programm

Die Leistungsfähigkeit des Party-Service-Programms wird im Erstellen von Angeboten und Rechnungen optimal erreicht. Menü-Vorschläge werden automatisch aus dem Party-Service-Programm in den Artikeltext übernommen und stehen dem Fakturier-Programm mit direktem Zugriff zur Verfügung.

Organisation, Kostenerfassung und Kalkulation

Garnierte Platten gehören heute zum selbstverständlichen Service des Fleischerfachgeschäfts. Sie verbessern die Konkurrenzfähigkeit und steigern das Image erheblich. Erfolgsentscheidend sind: ein klares Konzept, reiche Auswahl im Fleisch- und Wurstbereich und das überzeugende Präsentieren des Angebots.

Vollendet gelegte Platten sind deshalb das Ziel aller am Plattenservice Beteiligter.

Außerdem sind die Erweiterung bestehender Konzepte, das Entwickeln neuer Ideen und die Steigerung des handwerklichen Könnens unerläßlich, um im Party-Service dauerhafte Erfolge zu sichern.

Zu jedem Party-Service gehören eine überschaubare Organisation, das exakte Erfassen der Aufwendungen und eine umgehende Rechnungsstellung, da es rasch zu einer beachtlichen Kapitalbindung kommt.

Im Zeitalter der elektronischen Datenverarbeitung lohnt es, den Party-Service mit dem PC zu verwalten.

Gemischte Platte

Eine attraktive Platte für einen begrenzten Gästekreis, die alle wesentlichen Bestandteile eines kalten Büfetts auf kleinster Fläche konzentriert. Fisch und Krevetten als Vorspeise, Schinken und Pasteten als Hauptgang und Käse als Ausklang.

Mit Obst, Kaffee und süßen Stückchen ließe sich dieses „Mini-Büfett" perfekt vollenden.

Gliederung

Die Kleeblattform der Schieferplatte bietet Flächen an, die ein getrenntes Legen der verschiedenen Spezialitäten und Delikatessen ermöglicht. Die einzelnen Segmente werden so behandelt, als wären es einzelne kleine Platten.

Legetechnik

1. Kochschinken in Scheiben, gerollt.
2. Rohschinkenscheiben, gefaltet.
3. Teigpastete aufgeschnitten, in Stücken gelegt.
4. Käse in Stücken, dachziegelartig übereinandergelegt.
5. Krevetten, geschichtet.

Garnierung

Den dekorativen Abschluß bilden Butterrosen, gefederte Apfelviertel und ein kleines Kräuterbukett.

Die Krevetten können ebenfalls als ein dekoratives Element angesehen werden.

Kleine Kochpökelwarenplatte

Nicht zu viel und nicht zu teuer, heißt bei manchen Kunden das Motto. Daß es möglich ist, wenig Ware appetitanregend zu arrangieren, beweisen diese Platten. Sie sind rasch gelegt. Auf der Tafel erfreuen sie Augen und Gaumen.

Gliederung

Einer strengen Gliederung unterliegen diese Platten nicht. Die Ware wird segmentartig, zum Mittelpunkt hin, gelegt. Die Mitte bleibt für die Garnierung frei.

Legetechnik

1. Kochschinken und Braten in Scheiben, gerollt.
2. Lachsschinken- und Bratenscheiben, gefaltet.
3. Brühwurst und andere Ware in Scheiben.

Garnierung

Blaue und grüne Trauben, frische Feigen, Erdbeeren, halbiert.

Um die Trauben besser entnehmen und verzehren zu können, werden jeweils kleine „Häppchen" mit 4 bis 5 Trauben abgepflückt und dann auf der Platte zu einer größeren Traube zusammengesetzt.

Für fröhliche Anlässe

Hier ist Fröhlichkeit Trumpf. Für Anlässe mit zwanglosem Umfeld wie „Faschingsparty" oder „Kindergeburtstag" eignen sich Platten, deren Angebot ohne Messer und Gabel verzehrt werden kann. Ideal sind Partybrötchen mit Mettfüllungen, Aufschnitt, Schinken, Käse, Hefegebäck, gefüllt, aus eigener Herstellung oder vom Bäcker. Ebenso beliebt sind Blätterteigstückchen und Spieße. Die Art der Zubereitungen richtet sich nach den Wünschen der Kunden, ebenso die Menge, die nicht zu knapp disponiert werden darf.

Gliederung

Einer strengen Gliederung unterliegen diese Platten nicht. Wichtig ist die Aufmachung! Während bei den üblichen Platten die Ware dominiert und appetitanregend arrangiert sein will, verlangen diese Platten ein augenfälliges, lebhaftes Dekor. Spiegel und ausgefallene Unterlagen sind gewünscht.

Die Dekoration sollte sich am Anlaß orientieren und erfordert oftmals den zusätzlichen Einkauf von Requisiten.

Im Hinblick auf die Imagewirkung sollten solche Möglichkeiten genutzt werden, da sie für Stammkunden sorgen und andere Aufträge nach sich ziehen.

Kindergeburtstag

Diese Platte ist für kleine, fröhliche Anlässe gedacht. Sie besteht aus Partybrötchen, Hefegebäck aus eigener Herstellung oder vom Bäcker, aus gefüllten Windbeuteln und Fruchtspießen. Die Menge richtet sich nach der Zahl der Gäste.

Garnierung

Als Garnitur wurden Ananas, gesteckte Süßigkeiten und Wunderkerzen gewählt.

Checkliste für Plattenbestellungen

Plattenbestellung/Lieferschein Nr. ______________ Datum: ______________

Lieferanschrift: ______________

Name: ______________

Straße: ______________

Ort: ______________ Telefon: ______________

Hinweise für die Zufahrt: ______________

Auftrag erteilt durch: ______________

Anlieferungszeitpunkt: ______________

Anlaß: ______________

Zahl der Personen: ______________

Sonderwünsche: ______________

Platten-zahl	Bezeichnung	Nr. der Platte	DM

Auf der Rückseite des Lieferscheins sollten die Lieferbedingungen stehen.
Es können auch Rubriken für Sonderleistungen vorgedruckt sein,
z. B.

Nr.	Stück	Sonderleistungen	DM
1.0		Leihtische	
2.0		Bestecke	
3.0		Leihgeschirr	
4.0		Grill mit Zubehör	
5.0		Tischdecken	
6.0		Blumenschmuck	
7.0		Dekoration	
8.0			
9.0			
10.0			
		Summe DM	

Diese Checklisten gelten auch für kalte Büfetts. Auf die damit zusammenhängenden Fragen wird ab Seite 67 näher eingegangen.

Wer regelmäßig Platten liefert, wird die Vorteile der vorgegebenen Fragen sofort erkennen.

Silvesterplatte

Rohschinkenspezialitäten und andere Pökelwaren eignen sich besonders gut für Platten mit längerer Aufbewahrungszeit. Bei einer Silvesterplatte ist das der Fall.

Sie muß aus betrieblichen Gründen frühzeitig gelegt und ausgeliefert werden.

So gesehen eignet sich diese Platte nicht nur für Silvester. Sie kann ebensogut zu jedem anderen Anlaß gelegt werden. Da Spargel mitgelegt wird, könnte sie z. B. als Verkaufs- und Schauplatte in der Spargelzeit dienen oder den Auftakt innerhalb eines kalten Büfetts bilden.

Garnierung

Die sparsame Dekoration wird auf Feldsalat, Rettichstreifen und Paprika beschränkt. Der mitgelegte Spargel wird verzehrfertig mariniert und sorgfältig abgetrocknet.

Eine reiche Garnierung erhöht bei der langen Standzeit der Platte die Gefahr des Saftens. Das wird mit dieser Lösung umgangen.

Gliederung

Die Gliederung erfolgt hier in der Längsachse, wobei aus optischen Gründen eine Gruppenbildung angestrebt wird. Angefangen wird mit den Schinkenröllchen, wobei die Gabeltechnik eine gleichmäßige Röllchengröße garantiert. Der Spargel wird auf Salatblättchen gelegt.

Der äußere Rand wird mit Bündner Fleisch, einem Lachsrücken und Bauernschinkenscheiben abgeschlossen. Die Scheiben werden übereinandergelegt bzw. gefaltet. Der Innenraum wird mit gefalteten Lachsschinkenscheiben und der Garnierung vollendet. Bei dieser Platte werden die Farbabstände der Ware geschickt genutzt, wobei das Gelb des Spargels Blickfangcharakter erhält.

Legetechnik

1. Kochschinkenscheiben, gerollt,
2. Bündner Fleisch, gefaltet.
3. Bauernschinken, gefaltet.
4. Lachsrücken, übereinandergeklappt.
5. Lachsschinken, gefaltet.

Wild und Geflügel – zart und kulinarisch

Wir nennen unsere jagdbaren heimischen Tiere Wild.

Aus jagdlicher Sicht wird folgende Einteilung vorgenommen:

Haarwild

1. Schalenwild: Rot-, Dam-, Reh-, Gamswild, Schwarzwild, ferner Elch, Wisent, Steinbock und Muffelwild.
2. Ballenwild: Hasen, Wildkaninchen, Schneehasen.

Feder- und Flugwild

1. Wildhühner, Rebhuhn, Fasan, Wachtel, Auerwild, Birkhuhn.
2. Wildtauben.
3. Entenvögel: Wildente, Wildgänse, Tauchente.

Das Fleisch des Wildes, das Wildbret, ist fettarm. Es unterscheidet sich vom Fleisch der Haustiere vor allem durch seinen „Wildgeschmack". Das Fleisch des Wildes erfährt sehr rasch eine Reifung, die geruchlich und geschmacklich als Hautgout geschätzt wird.

Mit der Ausbildung des Geschmacks tritt gleichzeitig eine Lockerung der Muskelfasern ein, das Fleisch wird mürber.

Behandlung von Wildbret

Am häufigsten verlangt und am beliebtesten sind Reh- und Hirschrücken, wobei der Rehrücken meist zarter ist. Um die Zartheit ganz allgemein zu erhöhen, werden die Stücke häufig gespickt, mariniert oder gebeizt.

Zur sogenannten „trockenen" Wildmarinade

Die Fleischstücke werden enthäutet, mit Öl eingepinselt und mit Kräutern sowie Zitronenscheiben belegt. Die Fleischstücke bleiben zugedeckt und gekühlt etwa 2 bis 3 Tage stehen.

Zur nassen Wildbeize

Meist besteht die Beize aus 90 % Rotwein, 10 % Essig, Kochsalz sowie Gewürzen.

Im Prinzip ist es eine weinbetonte Sauerbratenbeize. Die Fleischstücke sollen gekühlt 8 bis 10 Tage in der Beize bleiben. Wild kann auch in Milch, Butter- oder Sauermilch gelegt werden, um den Wildgeschmack zu dämpfen.

Das Braten

Ein Reh- oder Hirschrücken sollte innen rosa, d. h. à point, gebraten werden, da er sonst trocken und vom kulinarischen Standpunkt aus wertlos wird.

Die ungefähre Bratzeit beträgt bei 200 °C und vorgeheizter Backröhre etwa 20 bis 25 Minuten. Am sichersten ist es, ein Stichthermometer einzusetzen und nach Kerntemperatur zu braten. Bei 46 °C im Kern ist der Rehrücken fertig. Das Rückenstück wird dann in Alufolie eingeschlagen und in den Kühlraum zum Erkalten gelegt. Dieses Vorgehen ist sicher, da bei verschiedener Dicke der Stücke und bei unterschiedlichen Anfangstemperaturen die Bratzeiten stark differieren können.

Ungebeizte Teilstücke und Fleischzuschnitte lassen sich für Jägergulasch, Wildragout, Wildsalate und vor allem für Wildpasteten verwenden. Klassisch sind Wildschweinpastete und Wild-Leberpastete.

Verarbeiten eines Rehrückens für eine Wildplatte

1. Vom kalten, gebratenen Rehrücken Filets vorsichtig auslösen.
2. Rückenstück schräg in gleichmäßige, nicht zu dicke Tranchen schneiden.
3. Rückenknochen passend zuhacken, sorgfältig putzen.
4. Rehrückenscheiben auf diese Unterlage exakt in mehreren Reihen legen, sowie evtl. mit Aspik festigen.

Behandlung von Federwild

Federwild muß jung sein, da das Fleisch älterer Tiere hart und zäh ist. Das Fleisch kann trocken, mariniert oder unmariniert, wie Geflügel gebraten bzw. gegrillt werden. Wichtig ist es, die Stücke während des Bratens mit Öl einzupinseln, damit sie saftig bleiben.

Geflügel

Für große kalte Büfetts eignen sich Geflügelplatten gut. Gewöhnlich sättigt aber eine Hähnchenkeule so sehr, daß der Gast lieber darauf verzichtet, weil er die anderen kulinarischen Genüsse nicht auslassen möchte. Einige gebratene Hähnchenkeulen wirken aber auf Bratenplatten sehr dekorativ und sind als Abwechslung willkommen.

Aus dem Geflügelbereich sind für garnierte Platten beliebt:

1. Hähnchenkeulen, knusprig gebraten und außen kräftig gewürzt.
2. Hähnchenbrust, aufgeschnitten.
3. Innen mit Würzfarce ausgestrichene, gebackene Hähnchen.
4. Mit einer kräuterbetonten Bratwurstmasse gefüllte Hähnchen.
5. Gepökelte, gegarte Putenbrust, aufgeschnitten.
6. Gepökelte Gänsebrust, aufgeschnitten.

Zu Geflügel passen Currysauce, Waldorfsalat, gedünstete Äpfel mit Preiselbeeren, Ananas und Senffrüchte.

Rehrücken

Von allen Wildarten wird der Rehrücken am häufigsten verlangt und am liebsten verzehrt. Zum Rehrücken passen Preiselbeeren, Preiselbeermeerrettich und Obst.

Die abgebildete Art, einen Rehrücken zu garnieren, wird Bankettaufbau genannt. Er hat die Absicht, das ganze Stück attraktiv zu präsentieren. Der Rücken wirkt allerdings nur, wenn er exakt gelegt ist. Als Unterlage diente die sorgfältig geputzte Karkasse.

Garnierung

Das langgestreckte Stück und die regelmäßig gelegten Scheiben wirken für sich. Den dekorativen Abschluß bildet eine gespritzte Girlande aus Kalbsleberwurstcreme, verziert mit Brombeeren und Pistazien. Anstelle der Pistazien können auch Johannisbeeren oder Kiwistückchen als Dekoration dienen.

Die dazugelegten Ananasscheiben, garniert mit Klementinenspalten und Cocktailkirschen, sind als eßbares Dekor gedacht, jedoch nicht als ausreichende Beilage.

Kandierte Früchte, Cumberlandsauce, Preiselbeermeerrettich sowie Senffrüchte werden bei dieser Platte getrennt serviert.

Herstellung von Preiselbeermeerrettich

100 g Preiselbeerkonfitüre oder Früchte aus der Dose. 200 g Meerrettich, mit süßer Sahne angemacht.

Die Zutaten vermengen und mit dem Zitronensaft abschmecken.

Zu Wild passen geschmacklich auch Birnen, Pfirsiche, Pflaumen, gedünstete Äpfel mit Preiselbeerfüllung oder Fruchtgelee, gefüllte Artischokkenböden mit Sahnemeerrettich und Waldorfsalat.

Braten für das Büfett

Gemeint sind diejenigen Bratenstücke, die sich für ein Büfett, kalt oder warm, eignen.

Die Übersicht soll auf die verschiedenen Möglichkeiten hinweisen.

1. Braten ohne Füllungen, mariniert und gewürzt.
2. Braten mit Füllungen, innen und außen mariniert und gewürzt.
3. Braten ohne Füllungen, gespritzt mit Würzlake auf Kochsalzbasis, mariniert und gewürzt.
4. Braten ohne Füllungen, gespritzt mit Würzlake auf Nitritpökelsalzbasis, mariniert und gewürzt.

Diese Pökelbraten können mit der vollen oder nur der halben Nitritpökelsalzmenge in Verbindung mit Kochsalz hergestellt werden.

Die Reduzierung der Nitritpökelsalzmenge führt zu rosa Bratenstücken ohne ausgeprägtes Pökelaroma.

Von jedem fertigen Braten werden Zartheit, Saftigkeit, vollmundiger Geschmack und ein appetitanregendes Aroma erwartet.

Um dieses Ziel zu erreichen, ist es zweckmäßig, die Braten mit einer Würzlake zu spritzen und in der gleichen Lake einige Zeit ruhen zu lassen. Das Spritzen der Braten bietet neben der Geschmacksgebung und der Qualitätssteigerung noch den Vorteil des geringeren Bratverlustes. Die Bratenstücke schmecken deutlich saftiger.

Der Herstellungsablauf ist wie bei Kochpökelwaren. Der Unterschied liegt in der salzmilden Lake und einer geringeren Einspritzmenge.

Herstellung

1. Bratenstücke exakt zuschneiden (Schweinerücken, -nacken, Schulterstücke, Schinkenteile, Kalbsrücken).
2. Eine 6°-Bé-Würzlake herstellen.

   Lakezusammenstellung:

10 l	Wasser, 0 °C
600 g	Kochsalz oder Nitritpökelsalz für Pökelbraten, wahlweise
300 g	Kochsalz und
300 g	Nitritpökelsalz
600 g	Schinkenspritzmittel

Lakekonzentration: ca. 6 °Bé
Einspritzmenge 10 %

3. Gespritzte Bratenstücke 12 Stunden in die Spritzlake legen, um eine gleichmäßige Verteilung der Würzstoffe zu erzielen.
4. Bratenstücke aus der Lake nehmen, abtropfen lassen, entweder füllen oder wie gewohnt braten.
5. Braten mit einem Fleischwürzer aus optischen und geschmacklichen Gründen einreiben.
6. Mit einer pikanten Kräuter-Senfsauce anbieten.

Bratenplatte mit Artischocken

Der Gesamteindruck der Platte besticht durch schlichte, fast schon strenge Anordnung. Sie kann Mittelpunkt eines kalten Büfetts sein oder als Einzelplatte für einen festlichen Anlaß dienen.

Die farblichen Kontraste werden durch die Ware gesetzt. Die Ware soll für sich wirken.

Zur Auswahl stehen: gepökelte, gekochte Rinderzunge, Roastbeef und gepökelter, gekochter Schweinerücken, Schweine- und Kalbsbraten.

Eine geschmackvolle und harmonische Zusammenstellung, die ihre Liebhaber und Freunde findet.

Gliederung

Hier wurde eine asymmetrische Anordnung meisterhaft gelöst. Da die Platte leicht hufeisenförmig wirkt, folgt die äußere Warenreihe der Form.

Zur Mitte hin wird die Linienführung durch das Segment gerollter Bratenröllchen unterbrochen.

Als Kontrapunkt erscheinen die in Dreierreihen gefalteten Bratenscheiben mit den Artischocken, die den optischen Abschluß bilden.

Der Übergang von der Zunge zum Kalbsbraten hätte mit 1 bis 2 Zungenscheiben noch etwas harmonischer gelöst werden können.

Legetechnik

1. Gepökelte, gekochte Rinderzungenscheiben, flach übereinandergelegt.
2. Roastbeefscheiben, gerollt und übereinandergesteckt.
3. Gepökelte, gekochte Schweinerückenscheiben, übereinandergeklappt, angelegt.
4. Bratenscheiben, gefaltet.
5. Kalbsbratenscheiben, flach übereinandergelegt.

Garnierung

Die Garnierung ist bei dieser Platte auf ein Minimum reduziert und als Ausklang der Linienführung gedacht. Artischocken, schwarze Oliven und die Petersilienblätter kontrastieren nicht. Sie ordnen sich der Linienführung unter.

Die hohe Schule des Bratens und Grillens

Der Fachmann weiß, daß ein Schinken-, Pökelbraten oder Roastbeef am sichersten gelingt, wenn nicht nach der Zeit, sondern nach der Kerntemperatur gegart wird. Roastbeef bleibt bei 48 °C im Kern roh, Schinken- oder Pökelbraten ist bei 65 °C durch. Für die anderen Bratenstücke reichen 75 °C bis 85 °C aus.

Da in den Haushalten meist keine Stichthermometer vorhanden sind, bleibt bei der Beratung über zweckmäßiges Braten oder Grillen nur die Zeitangabe übrig. Da Kunden oft danach fragen, sind hier Bratzeiten in einer übersichtlichen Tabelle für die wichtigsten Stücke zusammengestellt.

Fleischart	Gewicht	Starke Hitze	Mittlere Hitze
RIND			
Filetsteak, medium	200 Gramm	1 Minute je Seite	3 Minuten je Seite weiterbraten
Chateaubriand, medium	1400 Gramm	2 Minuten je Seite	6 Minuten je Seite weiterbraten
Roastbeef, medium	1000 Gramm	bei 250 °C 25 Minuten anbraten, 3 Eßlöffel Wasser in die Pfanne geben, Braten 10 Minuten ruhen lassen	
Filet, medium	1000 Gramm	bei 250 °C 25 Minuten anbraten	10 Minuten ruhen lassen
Sauerbraten	1000 Gramm	bei 250 °C 100 Minuten braten	10 Minuten ruhen lassen
KALB			
Medaillon	80 Gramm	1 Minute je Seite anbraten	3 Minuten je Seite weiterbraten
Steak	150 Gramm	1 Minute je Seite anbraten	4 Minuten je Seite weiterbraten
Nierenbraten	1000 Gramm	90 Minuten braten	10 Minuten ruhen lassen
Keule	1000 Gramm	100 Minuten braten	20 Minuten ruhen lassen
Haxe	2000 Gramm	130 Minuten braten	Zerkleinern und 20 Minuten ruhen lassen
SCHWEIN			
Medaillon	80 Gramm	3 Minuten je Seite anbraten	
Steak	150 Gramm	1 Minute je Seite anbraten	4 Minuten je Seite weiterbraten
Schnitzel, natur	125 Gramm	4 Minuten je Seite anbraten	
Kotelett, natur	150 Gramm	1 Minute je Seite anbraten	5 Minuten je Seite weiterbraten
Filet	400 Gramm	20 Minuten anbraten	10 Minuten ruhen lassen
Nacken	1000 Gramm	60 Minuten anbraten	10 Minuten ruhen lassen
Haxe	1000 Gramm	110 Minuten anbraten	20 Minuten ruhen lassen
LAMM			
Kotelett		3 Minuten je Seite anbraten	
Rücken	1000 Gramm	120 Minuten anbraten	20 Minuten ruhen lassen
WILD UND GEFLÜGEL			
Hirschbraten	1500 Gramm	120 Minuten braten	20 Minuten ruhen lassen
Rehrücken	2000 Gramm	45 Minuten braten	20 Minuten ruhen lassen
Hasenrücken		35 Minuten braten	10 Minuten ruhen lassen
Ente	1500 Gramm	10 Minuten braten	90 Minuten braten
Gans	4000 Gramm	10 Minuten braten	180 Minuten braten
Truthahn	5000 Gramm	10 Minuten braten	200 Minuten braten

Kalte Braten

Ungepökelte bzw. leicht gepökelte Braten, mit und ohne Füllungen, teilweise in Kombination mit Brät und mit optisch ansprechenden Außenwürzungen, gehören praktisch zu jedem kalten Büfett.

Im Platten- und Party-Service werden Spezialitäten als Gaumenreiz und ein gehobenes Qualitätsniveau erwartet. Abwechslung und ein gewisser Luxus akzentuieren den festlichen Anlaß.

Oft wird zu Braten aus einer ernährungsbewußten Haltung heraus oder aus gesundheitlichen Überlegungen gegriffen.

Für alle Braten gilt: sie müssen schmecken. Die Abbildung zeigt Variationen mit Schweinerücken, die ohne größeren Aufwand rasch hergestellt werden können.

Herstellung der abgebildeten Braten

Schweinerücken mit einer Kochsalzlake (auf Wunsch ½ Kochsalz + ½ Nitritpökelsalz) spritzen und dann poltern.

Nach dem Poltern Bratenstücke in einer Kräuter-Gewürz-Mischung wälzen, in Kollagenfolie einschlagen, anschließend in ein Netz einziehen, abbinden oder abkippen.

Stücke bei 110 °C trocknen und bei 75 °C garen.

Kerntemperatur: 63 °C

Gefüllter Schweinerücken im Kräuterbrätmantel

Schweinerücken der Länge nach mit einem Stahl durchstoßen. Geschaffenen Hohlraum mit Trockenfrüchten (Pflaumen, Apfelscheiben, Aprikosen) füllen. Schweinerücken in eine gefettete Fleischkäseform setzen und mit einem kräutergewürzten Bratwurstbrät umlegen. Braten wie Fleischkäse backen.

Kerntemperatur: 65 °C

Krustenbraten

Häufig werden als Ergänzung des kalten Büfetts warme Zubereitungen gewünscht.

Das kalte Büfett wandelt sich dadurch zu einem kalt-warmen Büfett. Ein kroß gebackener Krustenbraten bietet sich als Mittelpunkt eines kalt-warmen Büfetts ideal an. Der Braten sieht attraktiv aus, besticht durch seine Aromafülle und überzeugt durch den angenehmen Geschmack.

Material

Ober-/Unterschale mit Schwarte

Behandlung

Lakekonzentration: 14 °Bé
Einspritzmenge: 15 %

Hergestellt wird eine Würzlake auf Nitritpökelsalz- oder Kochsalzbasis mit einem leistungsfähigen Lakespritzmittel.

Bratenstücke in zwei Durchgängen spritzen und poltern. Braten nach dem Poltern in Spezialfolie für Kochschinken einschlagen, auf Gitterroste legen und bei 75 °C garen.

Kerntemperatur: 63 °C

Braten in warmem Zustand auspacken, Schwarten rautenförmig einschneiden und bei 250 °C in etwa 10 Minuten überbacken. Auf Wunsch kann der Braten mit Nelken verziert werden. Sie werden in die einzelnen Rauten gesteckt.

Gepökelte Bratenstücke, heiß serviert

Nacken-, Bauch- und Schulterstücke, Schäufele, Nußschinken, Brustspitzen und Haxen sind für warme Büfetts beliebt. Das Warmhalten dieser Stücke, aber auch von Fleischkäse, Fleischpasteten oder Bratwürsten kann in einem Chafing Dish erfolgen. Praktisch sind elektrisch beheizte Geräte. Die Warmhaltegeräte werden in Kupfer- oder Cromargan-Ausführung, rund oder eckig und in verschiedenen Größen vom Fachhandel angeboten.

Bei einem ausgebauten Party-Service amortisieren sich die Geräte rasch.

Herstellungsvorschläge

Schweinenacken, gewürzt

Schweinenacken, ohne Knochen.
Stücke nach dem Poltern mit Gewürz einreiben, in die Naturin-Kollagen-Folie einschlagen, in Netze ziehen und abklippen.
Bei 110 °C trocknen, bei 75 °C garen.
Kerntemperatur: 63 bis 65 °C

Wacholder-Grillbauch

Magere Schweinebäuche, ohne Schwarte, Knochen und Knorpel, gut zugeschnitten.
Bäuche aus der Schwimmlake nehmen, abtropfen lassen. Stücke bei 110 bis 130 °C in der Anlage oder im Umluftbackofen garen.
Kerntemperatur: 75 bis 80 °C

Schäufele

Schweineschulter mit Schulterblatt, ohne Schwarte. Nach der Schwimmlake aufhängen, abtropfen lassen. Bei 50 °C trocknen, bei 75 °C räuchern. Kerntemperatur: 48 bis 52 °C, anschließend im Wasserbad garen.

Heißgeräuchertes

Schweinenuß.
Nach dem Poltern Stücke mit Außenwürzung einreiben. Fleischstücke bei 50 °C trocknen, bei 75 °C räuchern.
Kerntemperatur: 65 °C

Grillhaxe

Hinterhaxen mit Knochen, mit oder ohne Schwarte. Die Haxen aus der Schwimmlake nehmen, im Wasserbad oder im Kochschrank bei 75 °C angaren.
Kerntemperatur: 60 °C
Haxen nach dem Garen im Umluftbackofen oder im Grill bei einer Kerntemperatur von 85 °C knusprig braten.

Würzschinken

Oberschale, Nuß.
Die Fleischstücke nach dem Poltern würzen.
Oberfläche kräftig mit der gewünschten Außenwürzung versehen. Stücke in Vakuumbeutel einzeln einziehen und im Wasserbad bei 78 °C garen. Kerntemperatur: 63 bis 65 °C. Durch diese Behandlung bleibt die Außenwürzung beim Aufschneiden gut haften.

Spießbraten

Ein aufgespießtes Stück Fleisch über offenem Feuer zu garen gehört zu den ursprünglichsten Fleischzubereitungsarten. Um die Garzeit abzukürzen, werden die Fleischstücke eingeschnitten und gleichzeitig gewürzt.

Heute bevorzugen wir einen gewürzten, gefüllten Spießbraten, der auf dem Grillrost, in der Pfanne oder im Backofen gegart werden kann.

In jedem Falle eignet sich ein fachgerecht zubereiteter Spießbraten für jedes kalte Büfett als Bratenaufschnitt. Fast ebenso häufig wird er auch heiß serviert.

Material

Schweinenacken
Schweinebauch, geraucht

Würzung pro kg

20 g	Würzmarinade
8 bis 10 g	Spießbratengewürz
10 g	Kochsalz

Für die Füllung pro kg Braten

50 g	Zwiebeln, kleingehackt, blanchiert
50 g	roter und grüner Paprika, kleingehackt, oder eine fertige Mischung, wie z. B. Zigeuner-Mix

Füllung mit dem Spießbratengewürz und Kochsalz abschmecken.

Herstellung

Schweinenacken von der flachen zur dicken Seite hin zu einer Platte aufschneiden.

Innenfläche mit einer Würzmarinade einmarinieren und mit Spießbratengewürz und Kochsalz würzen, Zigeuner-Mix, vorgequollen, gleichmäßig verteilen.

Gerauchte Schweinebauchscheiben 2 mm dick auflegen. Schweinenacken fest rollen und binden. Spießbraten mit Würzmarinade einpinseln und äußerlich leicht anwürzen. Spießbraten im Backofen garen und knusprigbraun überbacken.

Kerntemperatur: 60 bis 62 °C

Gemischte Bratenplatte

Eine Bratenplatte, die durch ihren Farbkontrast zwischen Roastbeef und Schweinebraten besticht. Die farblich abgestimmte Garnierung gibt der Platte einen festlichen Gesamteindruck. Die Platte wirkt als einzelnes Arrangement und im Ensemble eines kalten Büfetts. Die Bratenauswahl kann nach den Wünschen der Kunden erfolgen.

Gliederung

Die Warenanordnung orientiert sich an der Längsachse.

Die farblich intensiven Scheiben wurden bewußt als Segmente angeordnet, um die optische Spannung zu den hellen Scheiben zu nutzen. So entstand ein ansprechender farblicher Rhythmus. Die Legeart unterstreicht den Charakter der Ware.

Legetechnik

1. Roastbeef, gefaltet.
   Roastbeef in etwa 2 cm dicke Scheiben schneiden. Scheiben so legen, daß beide Außenkanten in der Scheibenmitte aufeinanderkommen. Dadurch ergibt sich ein rosettenartiges Muster.
2. Schweinerückenscheiben, umgeklappt und fächerförmig angelegt.
   Schweinerücken in 1 bis 2 cm dicke Scheiben schneiden. Die Scheiben mit einer Seite aufsetzen. Scheibenenden nach außen, fächerförmig anlegen.

Garnierung

Blaue Trauben, gefederte Äpfel, Salat und ein Kräutersträußchen.

Die Garnierung können auch süßsaure Zutaten wie Gurken, Paprika und Gemüse bilden.

Fleischspezialitäten im Teigmantel (I)

Alle Fleisch-Teig-Variationen können zum Selbstbacken, gebacken zum Wiedererwärmen, in der heißen Theke oder als Imbiß über die Theke angeboten werden.

Fleischspezialitäten im Teig passen darüber hinaus für Geburtstagsfeiern, Stehempfänge, Gartenpartys, Kinderfeste und andere familiäre Anlässe.

Fleischspezialitäten im Teigmantel können unabhängig vom Party-Service zu einem beachtlichen Umsatzträger werden.

Die Zielsetzung: Alle erkennbaren Marktchancen bestmöglich nutzen.

Empfehlenswert ist eine aussagekräftige Werbung mit Plakaten und Anzeigen. Sehr effektiv sind Handzettel mit einer Sortimentsbeschreibung sowie Hinweise für die weitere Behandlung und die passenden Beilagen. Dankbar angenommen werden Menüvorschläge, die von ausgewählten Spezialitäten über Gemüse, Salate bis zum Nachtisch reichen. Günstig ist es, wenn im Rahmen einer Aktion alle Menüteile im Fachgeschäft frisch angeboten werden.

Machen Sie die Einführung des Fleisch- und Teigsortiments zum Einkaufserlebnis.

Bieten Sie an einem „Probiertag" Kostproben an, z. B. Knabberstangen mit Räucherbauch oder Portionshappen mit Hackfleischfüllung.

Alle Vorschläge sind praxisbewährt. Sie sollen zur Initiative anregen und unerschlossene Marktpotentiale ausschöpfen helfen.

Das Teigproblem

läßt sich am einfachsten mit tiefgefrorenem Blätterteig lösen.

Für die Herstellung der Fleischspezialitäten im Teig wird ein Heißluftofen benötigt.

Fleischspezialitäten im Teigmantel (II)

Zwiebelkuchen

Material

Blätterteigplatte, 3,5 mm

Füllung

1000 g	Zwiebeln, gewürfelt
100 g	geräucherter Schweinebauch, gewürfelt
3	EL Butter
1/8 l	saure Sahne
3	Eier
1/8 l	Weißwein

Würzung pro kg Füllung

3 g	Fleischwürz-Mix

Herstellung

1. Zwiebeln mit dem geräucherten Schweinebauch und der Butter hellgelb dünsten.
2. Weißwein und Fleischwürz-Mix zugeben, 15 Minuten schmoren lassen. Wein soll stark einkochen.
3. Eier verquirlen und in die erkaltete Zwiebelmasse einmengen.
4. Backform mit Backpapier auslegen, Blätterteigboden einlegen, stippen. Füllung verteilen, glattstreichen.

Backzeit

25 Minuten bei 170 °C
im Heißluftofen

Sauerkrautwickel

Material

1 Nürnberger Bratwürstchen
pro Krautwickel
Sauerkraut aus der Dose

Würzung pro kg Sauerkraut

3 g	Pfeffer, weiß, gemahlen

Herstellung

1. Blätterteigplatte in Rechtecke 15 x 12 cm schneiden.
2. Ränder mit Wasser bestreichen.
3. Nürnberger Bratwurst und Sauerkraut auflegen.
4. Teig übereinanderschlagen, Ränder andrücken, Teigstücke mit Ei bestreichen.
5. Zwei 0,5 cm breite Blätterteigstreifen diagonal auflegen, mit Ei bestreichen.

Backzeit

20 Minuten bei 180 °C
im Heißluftofen

Spinat-Käse-Taschen

Material

Blätterteigplatte, 3,5 mm

Füllung für 30 Stück

300 g	Blattspinat, tiefgefroren
250 g	Emmentaler
120 g	Zwiebeln, gewürfelt
20 g	Butter
1	Ei
16 g	Kochsalz
3 g	Pfeffer, weiß, gemahlen

Herstellung

1. Zwiebeln in der Butter glasig dünsten.
2. Spinat auftauen, Käse grob raffeln, Füllung würzen.
3. Blätterteigplatte in 15 Quadrate aufteilen, Füllung aufbringen. Teigränder mit Wasser bestreichen, Teig übereinanderschlagen, Ränder leicht andrücken, Taschen verzieren, mit Ei bestreichen.

Backzeit

20 bis 25 Minuten bei 180 °C
im Heißluftofen

Schweinefilet in Blätterteig

Material

Blätterteigplatte, 3,5 mm

Füllung

400 g	Schweinefilet
20 g	Schweineschmalz zum Anbraten
750 g	Kalbsbratwurstbrät
1	Ei
50 g	Zwiebeln, fein gehackt
	etwas Mehl

Würzung

15 g	Bratwürz S
7 g	7-Kräuter-Mix

Herstellung

1. Das Filet mit Bratwürz S würzen, von allen Seiten kurz anbraten, abkühlen lassen.
2. Bratwurstbrät mit dem Ei, 5 g 7-Kräuter-Mix und den Zwiebeln vermengen. Filet mit dieser Masse umhüllen.
3. Vorbereitetes Filet auf Blätterteigplatte legen, ganz mit Blätterteig abdecken. Ränder gut andrücken. Teigstück mit Ei bestreichen.
4. Teigstück mit ausgestochenen Teigformen verzieren. Dekoration ebenfalls mit Ei bestreichen.

Backzeit

40 bis 50 Minuten bei 160 °C
bis 170 °C im Heißluftofen

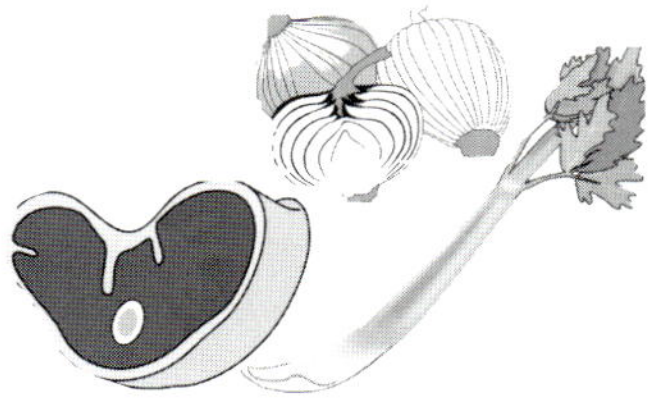

Fleischspezialitäten im Teigmantel (III)

Der Begriff „Angebotsdynamik" ist zum Schlagwort für fortschrittliche, kundenorientierte Sortimentsstrategie geworden.

Die Zielsetzung

Alle erkennbaren Marktchancen bestmöglich nutzen.

Zu den Marktnischen, die sich lohnend ausfüllen lassen, gehören Fleischspezialitäten im Teig. In Verbindung mit gebrauchsfertigem, tiefgefrorenem Blätterteig läßt sich heute in jedem Fleischerfachgeschäft ein attraktives Angebot rationell herstellen.

Marktbeobachtungen beweisen

Neuheiten lösen Kaufimpulse aus.

Bei Fleischspezialitäten im Teig führen die Probekäufe zu einer dauerhaften Nachfrage, weil das attraktive Aussehen und die Geschmacksvielfalt eine breite Käuferschicht ansprechen.

Zu den besonders interessanten Gruppen gehören Berufstätige, Alleinstehende, jüngere Verbraucher, aber auch Senioren, die mit wenig Aufwand schmackhafte, abwechslungsreiche Mahlzeiten auf den Tisch bringen wollen.

Das Fleischspezialitätenangebot im Teig sollte deshalb gepflegt werden, um Verkaufserfolge längerfristig zu sichern.

Lauchkuchen
Material

Blätterteigplatte, 3,5 mm

Füllung

1 kg	Lauch in Streifen, in Salzwasser blanchieren
100 g	geräucherter Schweinebauch, gewürfelt, anbraten
0,25 l	Sauerrahm
4	Eier
20 g	Stärkemehl
20 g	Semmelbrösel

Backzeit

20 bis 25 Minuten bei 180 °C im Heißluftofen

Kalbfleischrolle
Material

500 g	gehackte Kalbsschulter
300 g	Brokkoli, tiefgefroren
1	kleine Dose Pfifferlinge
50 g	Zwiebeln, gehackt
3	Eier

Herstellung

1. Gehacktes Kalbfleisch zubereiten.
2. Brokkoli in wenig Wasser 2 bis 3 Minuten blanchieren, abschrecken, abtropfen lassen und kleinhacken.
3. Zwiebeln andünsten, Fleisch dazugeben, 1 bis 2 Minuten andünsten, abkühlen lassen.
4. Pfifferlinge hacken, alle Zutaten vermengen. Sollte die Masse nicht genügend fest sein, dann können noch Semmelbrösel dazugegeben werden.
5. Füllung in der Mitte der Blätterteigplatte zum Laib formen, den Teig darüber zusammenschlagen, Ränder fest andrücken, mit Wasser befeuchten.
6. Dekoration aufbringen.

Backzeit

50 Minuten bei 160 °C bis 170 °C im Heißluftofen

Hackfleischtorte
Material

Blätterteigplatte, 3,5 mm

Füllung

400 g	Hackfleisch, gemischt, angeröstet
150 g	Bratwurstbrät
100 g	gerauchter Schweinebauch, gewürfelt
2	Zwiebeln, gehackt
1	Knoblauchzehe,
4	Eier
30 g	Semmelbrösel
2	EL Öl

Würzung pro kg Hackfleisch

16–18 g	Kochsalz
3 g	Pfeffer, weiß, gemahlen

Würzung übrige Füllung pro kg

5 g	Virginia-Mix
10 g	Bratwürz S

Herstellung

1. Die angebratene Hackfleischmasse mit dem Bratwurstbrät und den übrigen Zutaten vermengen.
2. Füllung gleichmäßig auf den Teigboden verteilen.
3. Den restlichen Teig auswellen, über die Füllung legen und mit dem Rand verbinden.
4. Torte mit etwas Teig garnieren und mit Ei bestreichen.

Backzeit

45 bis 50 Minuten bei 160 °C bis 170 °C im Heißluftofen

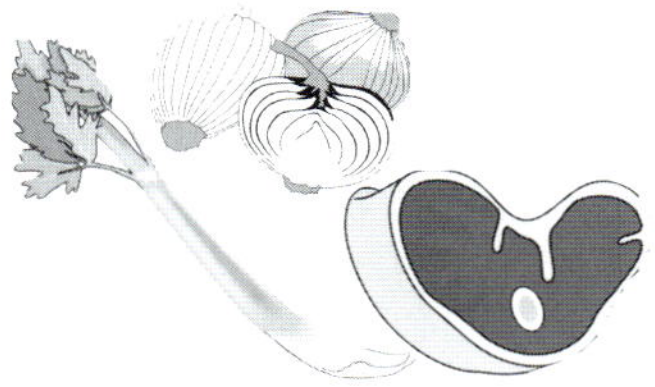

Forellenfilet auf Blattspinat

Material

Blätterteigplatte, 3,5 mm

Füllung

2	geräucherte Forellenfilets
600 g	Blattspinat (tiefgefroren)
1	kleine Zwiebel, gewürfelt
1	Knoblauchzehe
20 g	Butter

Würzung pro kg Füllung

3 g	Pfeffer, weiß, gemahlen
10 g	Kochsalz
20 g	Petersilie, frisch, gehackt
0,5 g	Muskatnuß, gemahlen
0,5 g	Geschmacksverstärker

Herstellung

1. Aus der Blätterteigplatte eine Fischform ausschneiden. Hilfsmittel: Schablone. Den angeschnittenen Boden auf ein Backblech legen. Backpapier verwenden.
2. Zwiebeln und die zerdrückte Knoblauchzehe in der Butter anschmoren, Spinat mit etwas Wasser dazugeben und etwa 15 Minuten im geschlossenen Topf garen, würzen. Spinat vor dem Auftragen in einem Sieb ausdrücken.
3. Die Hälfte des Spinats auf dem Teig verteilen, einen etwa 1,5 cm breiten Rand freilassen.
4. Forellenfilets auflegen, mit dem restlichen Spinat abdecken. Randstreifen mit Wasser bestreichen, durch Andrücken verbinden. Überstehenden Teig abschneiden. Den ganzen „Fisch" mit Ei abstreichen und verzieren.

Backzeit

35 Minuten bei 170 °C
im Heißluftofen

Diese Platte kann einzeln angeboten werden oder als attraktiver Blickfang für ein anspruchsvolles Büfett dienen.

Gefüllte Blätterteigröllchen

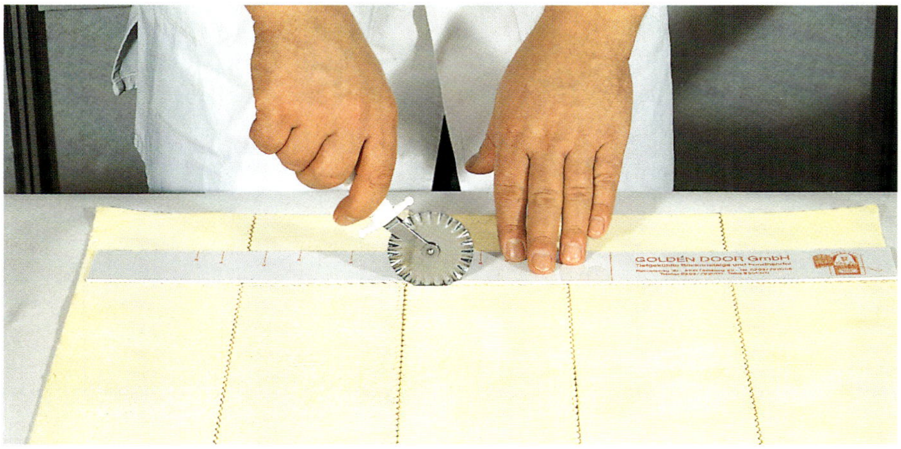

Blätterteigplatte etwa 15 Minuten auftauen, Teigplatte in gewünschte Größe und Form aufteilen.

Hilfsmittel:

Blätterteiglineal, Teigrädchen.
Füllung aufbringen.
Teigränder mit Wasser einstreichen.
Blätterteig formen.

Dekorationsstreifen
aus Teigresten schneiden.

Gefüllte Blätterteigröllchen
garnieren, würzen.

Empfehlenswerte Füllungen:

1. Bratwurstbrät
2. Zubereitetes Hackfleisch
3. Gemüse-Bratwurst-Farce
4. Gemüse-Farce

Wichtig:
Vor dem Backen mit Vollei abstreichen.

Kasseler im Blätterteig

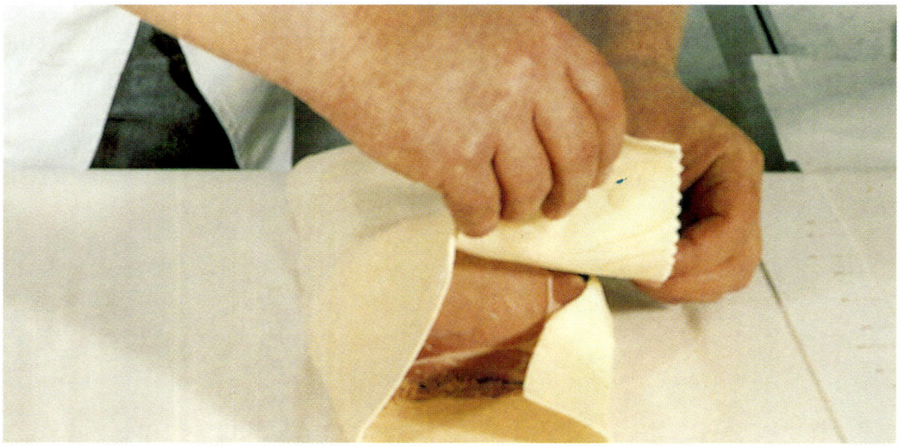

Blätterteig auftauen und 1/3 der Platte für die Garnitur abschneiden.

Mischung aus Röstzwiebeln und Paniermehl (Mischungsverhältnis 1:1) auf den Blätterteig legen. Diese Grundlage saugt den austretenden Fleischsaft auf. Der Blätterteig bleibt trocken.

Ausgekühltes Kasseler auf den Blätterteig setzen.
Kasseler mit dem Blätterteig umlegen.

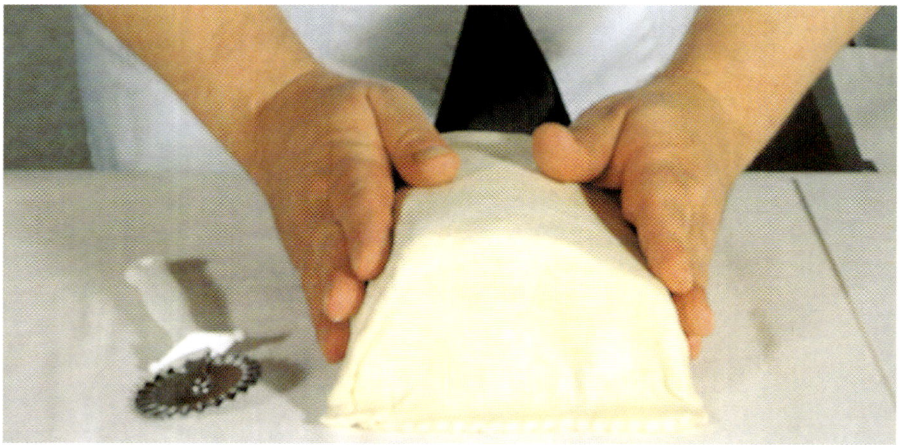

Seitenteile andrücken,
Ränder mit Teigrädchen abschneiden.

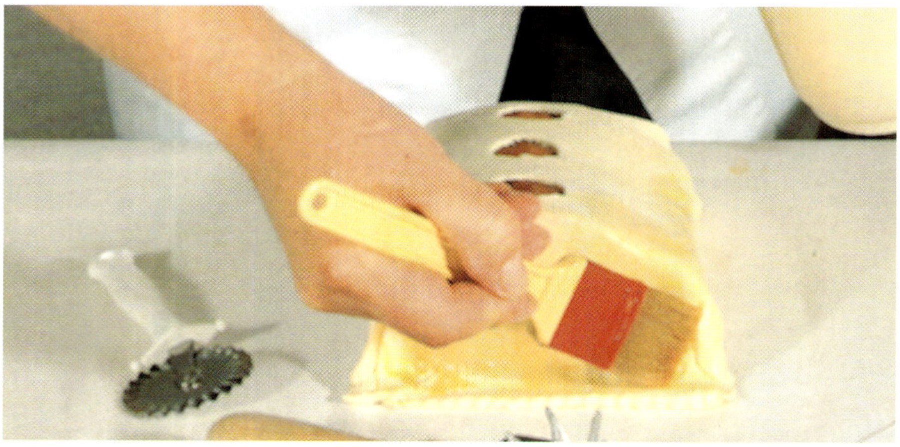

Blätterteig stippen, Kamine ausstechen, mit Vollei abstreichen.

Mit dem Gitterschneider aus dem abgeschnittenen Teigstück das Gitter schneiden.

Wichtig:

Teig festhalten, damit er sich nicht auf dem Gitterschneider aufrollt.

Kasseler im Blätterteig

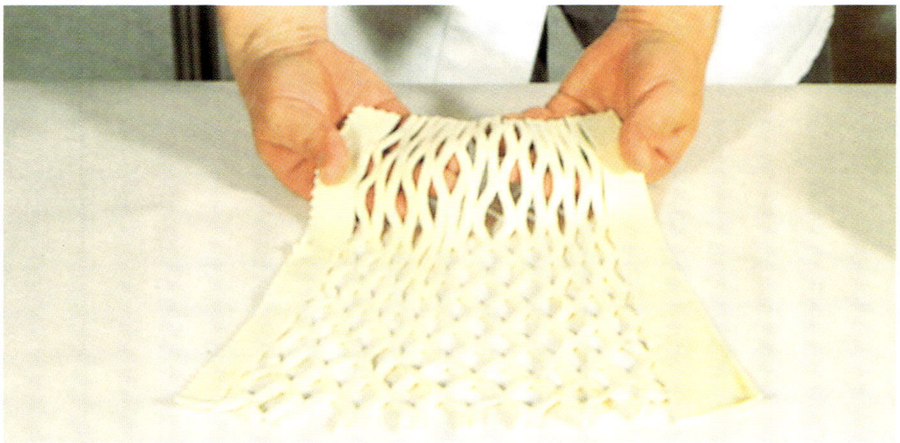

Geschnittenes Gitter auseinanderziehen.

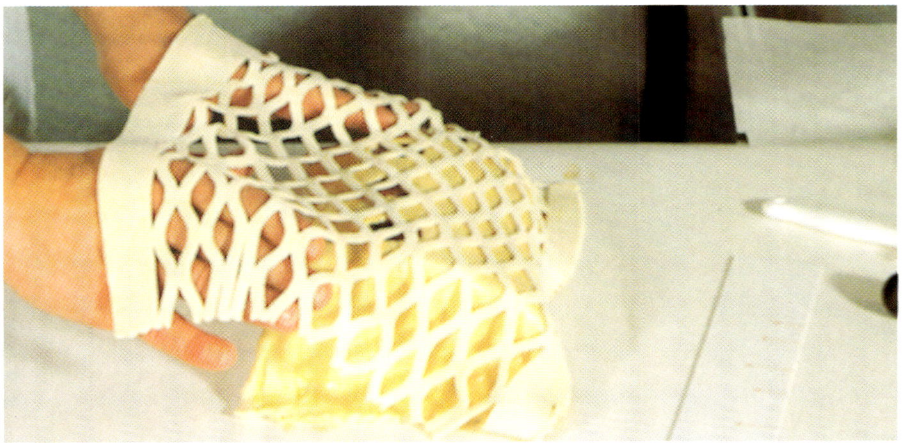

Teiggitter über den Braten legen, andrücken, überstehende Ränder abschneiden, mit Vollei abstreichen. Braten im Blätterteig auf ein mit Backpapier ausgelegtes Blech setzen.

Backtemperatur: 170 °C

Backzeit: 45 bis 50 Minuten
im Heißluftofen

Kasseler im Blätterteig
knusprige Fleischrolle
Schweinefilets im Blätterteig

Zwiebelkuchen
Lauchkuchen, mit Teiggitter abgedeckt
Hackfleischtorte, abgedeckt, mit Teiggarnierung
Forellenfilet auf Blattspinat, als Fisch geformt

Spezialitäten im Blätterteig

Knabberstangen

Material

Blätterteigplatte, 2,5 mm
Schweinebauch in Scheiben

Herstellung

1. Teigplatte mit Wasser einstreichen, gewürzte Bauchscheiben (2 cm breit, 15 cm lang) auf die Teigplatte legen.
2. Eine zweite Platte Teig auf die Bauchscheiben legen, fest andrücken, am besten mit einem Wellholz.
3. Platten der Länge nach halbieren und dann in 1 cm breite Streifen schneiden.
4. Streifen zu Spiralen drehen.

Backzeit

15 Minuten bei 180 °C
im Heißluftofen

Probierhäppchen

Material

Blätterteigplatte, 3,5 mm

Füllung

Gewürztes, gemischtes Hackfleisch

Herstellung

1. Blätterteigplatte in etwa 12,5 cm breite Streifen schneiden.
2. Hackfleisch zubereiten und auf den Blätterteig auflegen.
3. Ränder des Blätterteiges mit Wasser bestreichen. Teig übereinanderschlagen, Ränder leicht andrücken.
4. Teigstück mit Ei bestreichen, mit geriebenem Käse bestreuen, in kleine Stücke schneiden.

Backzeit

15 Minuten bei 180 °C
im Heißluftofen

Piroggeröllchen

Material

Blätterteigplatte, 3,5 mm

Füllung

500 g gemischtes Hackfleisch

Herstellung

1. Hackfleisch zubereiten.
2. Blätterteigplatte in etwa 12,5 cm breite Streifen schneiden.
3. Füllung mit dem Spritzbeutel aufbringen.
4. Ränder des Blätterteigs mit Wasser bestreichen. Rollen formen und in 5 gleich große Stücke schneiden, mit Ei bestreichen.

Backzeit

20 bis 25 Minuten bei 180 °C
im Heißluftofen

Überbackene Baguette

Baguette der Länge nach aufschneiden und mit verschieden gewürztem Mett füllen. Mit Käsescheiben abdecken und überbacken, abschließend mit Paprika, Tomaten, Zwiebeln oder gerösteten Zwiebeln und Speckstreifen garnieren.

Eine schmackhafte Zubereitung, die sich besonders für die Gartenparty, den Kindergeburtstag oder einen Herrenabend eignet.

Schinken im Brotteig

Material

1000 g	gepökelter und gekochter Hinterschinken (Nuß, Hüfte oder Unterschale)
1000 g	Mischbrotteig vom Bäcker
2	Eier

Backzeit

15 Minuten bei 220 °C,
45 Minuten bei 190 °C

Herstellung

1. Teig auf 1 cm Stärke ausrollen.
2. Den gepökelten Schinken oder Kamm bis 62 °C Kerntemperatur vorgaren und abkühlen lassen. Das verringert den Saftaustritt im Teig.
3. Fleisch mit dem Teig umhüllen.
4. Nahtstellen mit Eiweiß bestreichen und fest zusammendrücken.
5. Mit der Naht nach unten auf ein Backblech setzen, die Oberfläche eventuell mit einer Verzierung versehen und dann mit Eigelb überpinseln.

Hinweis

Schinkenmantel nach dem Backen mit einem Rundschnitt öffnen, den Schinken herausnehmen und portionieren, danach wieder in die Brothülle geben.

Salate als Ergänzung zu garnierten Platten und für das kalte Büfett (I)

Von Salaten läßt sich sagen: sie bieten uns die Möglichkeit, die verschiedensten Geschmackseffekte in Bequemform zu genießen. Voraussetzung dafür ist die richtige Wahl der Zutaten, ihre sorgfältige Vorbereitung und eine passende Salatsauce.

Die Salatsaucen können aus Essig, Öl, Zucker, Zitronensaft, Mayonnaise, mit Sahne, Joghurt und unter Zusatz von Gewürzen bzw. Früchten hergestellt sein.

Aus ernährungsphysiologischer Sicht betrachtet, sind Salate nahezu ideale Nahrungsmittel, weil sie Vitamine, Mineralstoffe, Kohlenhydrate, Fette, Eiweiß und Ballaststoffe enthalten.

Für den Salathersteller sind Salate verzehrfertige Zubereitungen aus Fleisch, Wurstwaren, Gemüse, Salatpflanzen, Eiern, Käse in Verbindung mit einem Dressing, d.h. einer Salatsauce.

Wir können davon ausgehen, daß alles Eßbare in irgendeiner Form als Salat zubereitet werden kann.

Die Variationsmöglichkeiten sind groß. Es sollte deshalb keine einfallslosen Salate geben. Trotz Abhängigkeit von der Jahreszeit und den Wünschen der Kunden können bekannte Zubereitungen geschmacklich verändert oder durch andere Salatarten abgelöst werden. In diese Überlegungen sollten auch reine Gemüse- bzw. grüne Salate mit einbezogen werden.

Orientiert an der Zusammensetzung unterscheiden wir die folgenden Salatsorten:

Die grünen Salate

Als Grundlage dazu dienen z. B. Kopfsalat, Chicorée, Chinakohl, Endivie, Ackersalat.

Die Salatpflanzen werden sorgfältig geputzt, in kaltem Wasser gewaschen, in ein Sieb zum Abtropfen gelegt und roh mit einer Salatsauce serviert.

Bei Einsatz dieser Salate zu kalten Platten oder für das kalte Büfett ist der optische Eindruck entscheidend. Dazu gehört auch die stilgerechte Wahl der Schüsseln bzw. Schalen.

Grüner Salat muß stets frisch sein und darf erst kurz vor dem Verzehr mit der Salatsauce angerichtet werden.

Ein Hinweis für die Zubereitung: Erst die Salatsauce in die Schüssel geben,

Fortsetzung Seite 104

Salate

Schinkensülze als Salat

Material

900 g	Schinkensülze
50 g	roter, gelber und grüner Paprika
50 g	Zwiebeln in Scheiben

Zubereitung

1. Schinkensülze in gleichmäßige Streifen schneiden.
2. Paprika und Zwiebeln schneiden.
3. Alle Zutaten vermengen und mit einer Essig-Öl-Marinade abschmecken.

Auf Wunsch können noch Champignons, gewürfelte Gurken und Oliven dazukommen.

Salatmarinade

0,2 l	Weinessig, 5 %
0,75 l	Wasser
50 g	Öl

Pfeffer und Salz nach Geschmack, auf Wunsch Kräuter, die aus dieser Salatmarinade eine Kräutermarinade entstehen lassen.

Mexikanischer Salat

Material

300 g	rote Bohnen
300 g	Schnittbohnen
200 g	Mais
150 g	Paprika
50 g	rote Zwiebeln

Zubereitung

1. Rote Bohnen, Schnittbohnen und Mais aus der Dose abspülen.
2. Paprika und Zwiebeln schneiden.
3. Alle Zutaten vermengen und ein knoblauchgewürztes Essig-Öl-Dressing unterziehen.

Auf Wunsch kann dieser Salat auch mit einer pikanten Tomatensauce zubereitet werden.

Geflügelsalat mit Curry-Sauce

Material

400 g	Geflügelfleisch
300 g	Champignons
100 g	Spargel
50 g	Sellerie
50 g	Zwiebeln

Zubereitung

1. Gekochtes Geflügelfleisch, Sellerie und Zwiebeln in kleine Würfel schneiden.
2. Champignons und Spargel schneiden.
3. Alle Zutaten mit einer gehaltvollen Curry-Sauce vermengen.

Auf Wunsch kann der Salat fruchtig mit Ananas, Mandarinen, Äpfeln und exotischen Früchten variiert werden.

Salate als Ergänzung zu garnierten Platten und für das kalte Büfett (II)

dann den grünen Salat. Der Salat kommt also in die Sauce, nie die Sauce über den Salat.

Wählen Sie eine genügend große Schüssel, um den Salat locker, aber innig mit der Salatsauce vermischen zu können.

Die Gemüsesalate

Die Grundlage bilden alle Gemüse wie Gurken, Tomaten, Sellerie, Bohnen, Paprika, Rot- und Weißkohl, Erbsen, Karotten, Lauch, Spargel. Sie werden roh, gebrüht, gedünstet oder als Konserven verarbeitet. Die Salatsaucen können aus Öl, Essig mit Gewürzen bestehen, aber auch Mayonnaise, Fruchtsaft, Tomatenketchup sowie auch andere Ingredienzen enthalten.

Die zusammengesetzten Salate

Es sind Salate, die im Angebot des Fachgeschäfts einen festen Platz haben. Sie können deshalb als pikante Ergänzung für jeden Anlaß empfohlen werden. Das gilt auch im Zusammenhang mit einem kalten Büfett.

Die klassischen Zutaten sind verschiedene Wurstsorten, Fleisch, Braten, Schinken, Zunge in Kombination mit Gurken, Tomaten, Spargel, Gemüse, Käse und Früchten. Oft werden Reis, Nudeln oder Kartoffeln dazugegeben. Als weitere Zutaten bieten sich aber auch Fisch, Krabben und Hummerfleisch an.

Die Salatsaucen können mit und ohne Mayonnaise sein.

Zusammengesetzte Salate sind für das kalte Büfett und als Ergänzung zu garnierten Platten interessant, weil sie Abwechslung bieten und frühzeitig hergestellt werden können. Sie gewinnen sogar an Aroma und Geschmacksharmonie, wenn sie einige Zeit durchziehen.

Es genügt allerdings nicht, Salate sorgfältig und individuell herzustellen. Sie sollten darüber hinaus prüfen, ob die Zusammensetzung und die Kennzeichnung der Salate den geltenden Leitsätzen entspricht. Die Leitsätze für Feinkostsalate sind nicht allgemein bekannt. Sie haben auch keinen gesetzlichen Charakter. Im Zweifelsfalle werden sie aber für die Beurteilung von Salaten als Richtlinien herangezogen, weil sie den Handelsbrauch widerspiegeln.

Sie sind im Zweifelsfalle für die Deklaration und Zusammensetzung von Salat verbindlich.

Zur Herstellung

Alle Zutaten sollen so frisch wie möglich sein. Sie werden in Würfel oder Streifen geschnitten. Wie fein die Zutaten geschnitten werden, das hängt von der Art des Salates ab. Grundsätzlich werden im Biß festere Zutaten etwas feiner bzw. etwas kleiner geschnitten. Je gleichmäßiger die Größe der Zutaten ist, um so besser lassen sie sich vermengen. Der Salat wirkt homogen.

Die süßen oder Obstsalate

Hier handelt es sich um Mischungen aus rohem, gedünstetem oder gekochtem Obst. Hinzugenommen werden häufig kandierte bzw. süß-sauer eingelegte Früchte.

Einen besonderen geschmacklichen Pfiff können die Salate durch alkoholische Zusätze wie Rum, Cognac, Kirschwasser, Himbeergeist, Triple Sec oder Fruchtliköre erhalten.

Diese hochprozentigen Salatsaucen geben den Obstsalaten ein volles Aroma und eine Geschmacksnote, die auch männliche Zungen anspricht.

Wenn die Früchte größtenteils aus Konserven stammen, so ist aus geschmacklichen Gründen ein Zusatz von frischem Obst empfehlenswert. Denn Orangen, Bananen, Ananas, Kiwis und Melonen sind eigentlich das ganze Jahr über erhältlich.

Feiner Obstsalat

Material

2	große säuerliche Äpfel
2	Orangen
1	Grapefruit
250 g	weiße Weintrauben
4	Scheiben Ananas
3	Kiwis
1	kleine Dose Litschis
1	EL Zucker
4	EL gehackte Pistazien- oder Mandelsplitter

Zubereitung

1. Die Äpfel schälen und würfeln, dabei das Kerngehäuse entfernen.
2. Die Orangen so abschälen, daß die weiße, am Fruchtfleisch sitzende Haut mit entfernt wird. Mit einem kleinen scharfen Küchenmesser an den Segmenten entlangschneiden, so daß die Filets frei werden. Ebenso mit der Grapefruit verfahren.
3. Die Weintrauben waschen und halbieren. Die Kerne herausnehmen.
4. Die Ananas in Stücke schneiden, die geschälten Kiwis in Scheiben zerteilen.
5. Alles zusammen mit den abgetropften Litschis in einer Schüssel vermischen.

Salate

Curry-Reis-Salat mit Schinken und Gemüse

200 g	Kochschinken
350 g	Reis, gekocht
150 g	Champignons
100 g	Tomatenpaprika
150 g	Erbsen oder Sojakeimlinge
50 g	Zwiebeln
1000 g	

Würzung

12 g	Currypulver
100 g	Fleischbrühe

Zubereitung

1. Kochschinken und Tomatenpaprika in Würfel schneiden.
2. Champignons in Scheiben verwenden.
3. Zwiebeln hacken und blanchieren.
4. Alle Zutaten vermengen, Salat würzen und die Fleischbrühe unterziehen.

Nudelsalat mit Schinken und Gemüse

400 g	Hörnchennudeln
200 g	Kochschinken, gewürfelt
100 g	Paprika, rot
100 g	Gurken
150 g	Mayonnaise
50 g	Zwiebeln, geschnitten
1000 g	

Würzung

50 g	Fleischbrühe

Zubereitung

1. Nudeln in einer leichten Fleischbrühe kochen, kühlen.
2. Kochschinken in Würfel schneiden.
3. Paprika, Gurken und Zwiebeln ebenfalls würfeln.
4. Fleischbrühe vorbereiten, abschmecken.
5. Alle Zutaten vermengen.

Schwäbischer Kartoffelsalat

1000 g	Salatkartoffeln, festkochend
50 g	Zwiebeln, roh, fein gewürfelt
150 g	Gurken, roh, in dünnen Scheiben (auf Wunsch)
1200 g	

Würzung

200 g	Fleischbrühe
50 g	Speiseöl oder
100 g	Bauchspeck, gewürfelt, zum Auslassen

Zubereitung

1. Salatkartoffeln als Pellkartoffeln beisetzen, kochen.
2. Gegarte Kartoffeln noch warm pellen, in dünne Scheiben schneiden.
3. Kartoffelscheiben mit der vorbereiteten Marinade übergießen und vermengen.
4. Das Öl oder den ausgelassenen Bauchspeck mit dem Fett abschließend zugeben und unterheben.

Zeitgemäße Salate

Reissalat

Material

300 g	Reis
200 g	Schinken in Streifen
100 g	Bambussprossen
50 g	Perlzwiebeln
50 g	Tomatenpaprika in Würfeln
100 g	Erbsen
100 g	Champignons
100 g	Gewürzgurken
1000 g	

Zubereitung

1. Reis kernig kochen, abkühlen.
2. Alle Zutaten vermengen.
3. Mit der Marinade abschmecken.

Marinade

0,2 l	Fleischbrühe
3 g	Currypuder oder Chinagewürz

Fruchtsalat mit frischen Früchten

Material

200 g	Ananas aus der Dose
100 g	Apfelsinen, frisch
100 g	Bananen, frisch
100 g	Kirschen, süß (Cocktailkirschen)
100 g	Birnen aus der Dose
100 g	Äpfel, frisch
100 g	Kiwis, frisch
200 g	Wassermelone, frisch
1000 g	

Zubereitung

Die Zutaten werden in Würfel geschnitten und mit dem Saft der Konserven vermengt. Den Abschluß bilden ein Orangen- oder Fruchtlikör und ein Schuß Kirschwasser. Dieser Fruchtsalat ist als Dessert gedacht. Er paßt aber auch ganz ausgezeichnet zu Eis.

Das mühsame Schneiden kann größtenteils vermieden werden, da es schmackhafte Fruchtcocktails in der Dose gibt, die als Grundlage für den Fruchtsalat dienen können. Ein Teil der Früchte sollte dann aber roh hinzukommen, um dem Salat eine fruchtig-frische Note zu geben.

Prinzeßbohnensalat

Material

500 g	Prinzeßbohnen
100 g	Kochschinken in Scheiben
1	Zwiebel
2	Tomaten ohne Haut

Zubereitung

1. Bohnen halbieren oder dritteln.
2. Kochschinken ganz fein schneiden.
3. Tomaten in ganz kleine Stückchen schneiden.

Dieser Salat schmeckt kräftig und wird sehr gern verzehrt, er paßt gut zu Wurst, Braten, aber auch zu gegrillten Fleischstücken.

Chefsalat

Material

100 g	Salami
200 g	Kochschinken
100 g	Emmentaler Käse
1	Zwiebel
2	Eier, hart gekocht
¼	Salatgurke
1	Karton Kresse
1	kleiner Kopf grüner Salat
3	Tomaten
5 g	Kräutermischung, getrocknet

Zubereitung

1. Salami, Kochschinken und Emmentaler Käse in nicht zu dünne Streifen schneiden.
2. Zwiebel, die hartgekochten Eier und die Salatgurke in Scheiben schneiden.
3. Salatkopf zerpflücken, waschen und abtrocknen lassen.
4. Tomaten achteln.

Die einzelnen Zutaten in einer genügend großen Schüssel so arrangieren, daß alle Bestandteile zusammenbleiben. Die Salatsaucen werden dazu gesondert gereicht.

Jeder bedient sich nach Belieben und wählt Salatmarinade, die ihm am besten schmeckt. Dieser Salat eignet sich hervorragend für Partys, Gartenfeste, aber auch als Ergänzung zu Grillplatten.

Sellerie-Apfel-Salat

Material

400 g	Knollensellerie
2	mittelgroße Äpfel
2	EL Zitronensaft
⅛	l Schlagsahne
	Salz
	frisch gemahlener weißer Pfeffer
1	EL Kräutersenf
1	Prise Zucker
1	Bund Petersilie

Zubereitung

1. Den Sellerie putzen, waschen, trockentupfen und in streichholzgroße Streifchen schneiden.
2. Die Äpfel schälen, in dünne Schnitze zerteilen, dabei das Gehäuse entfernen.
3. Alles sofort mit Zitronensaft beträufeln.
4. Den Salat in einer Schüssel anrichten.
5. Die steif geschlagene Sahne salzen, pfeffern, mit Kräutersenf verrühren und mit Zucker abschmecken.
6. Die Petersilie waschen, trockenschwenken und fein hacken. Unter die Schlagsahne mischen.
7. Die Salatsauce über Sellerie und Äpfel geben und alles gut vermischen.

Ungarischer Wurstsalat

Material

400 g	Lyoner
200 g	Käse
150 g	Gewürzgurken
100 g	Paprika, rot
150 g	Zwiebeln
1000 g	

Marinade und Würzung

0,1 l	Weinessig, 5 %
0,2 l	Wasser
5 g	Zucker
2 g	Pfeffer, weiß, gemahlen

Zubereitung

1. Lyoner, Käse, Gewürzgurken und Paprika in Streifen schneiden.
2. Zwiebeln fein hacken.
3. Alle Zutaten vermengen, Salat würzen, Marinade unterziehen.

Gemüsesalat

Material

300 g	rote Bohnen
150 g	Gewürzgurken
150 g	Paprika, rot
150 g	Paprika, gelb
100 g	Zwiebeln
100 g	Mais
50 g	Karotten
1000 g	

Würzung

0,1 l	Weinessig, 5 %
0,2 l	Wasser
5 g	Zucker
3 g	Paprika, scharf
1 g	Pfeffer, schwarz
5 g	Kochsalz

Zubereitung

1. Gewürzgurken, Paprika, Karotten aus dem Glas verwenden.
2. Zwiebeln fein hacken, blanchieren.
3. Alle Zutaten vermengen, Salat würzen, Marinade unterziehen.

Geflügel-Reis-Salat mit Gemüse

Material

300 g	Reis, gekocht
300 g	Geflügelfleisch
100 g	Champignons
100 g	Sellerie
100 g	Spargel
50 g	Tomatenpaprika
50 g	Zwiebeln
1000 g	

Würzung

100 g	Fleischbrühe, gewürzt
12 g	Currypulver

Zubereitung

1. Geflügelfleisch, Sellerie, Tomatenpaprika und den Spargel in Würfel schneiden.
2. Zwiebeln hacken und blanchieren.
3. Alle Zutaten vermengen, Salat würzen, Fleischbrühe unterziehen.

Aus den Leitsätzen für Feinkostsalate (I)

1. Feinkostsalate

   Dazu zählen alle verzehrfertigen Zubereitungen von Fleisch- und Fischteilen, Ei, Gemüse, Pilz- und Obstzubereitungen, einschließlich Kartoffelsalat. Als Marinade können Öl, Essig, Mayonnaise, Salat-Mayonnaise oder eine andere würzende Sauce verwendet werden.

   Die Herstellung und Zusammensetzung ist verschiedenartig, so daß auch bei gleichnamigen Erzeugnissen Abweichungen vorhanden sein können.

   Ihre charakteristische Note erhalten Feinkostsalate durch Geschmacksträger wie Senf, Sahne, Wein oder andere würzende Zutaten.

2. Fleischsalate

   Fleischsalat ist eine Zubereitung aus einer Fleischgrundlage mit Mayonnaise oder Salat-Mayonnaise, zerkleinerten Gurken, Gewürzen und anderen Würzstoffen.

   Die Fleischgrundlage kann bis zu 5 % Schwarten enthalten. Stärke oder aufgeschlossenes Milcheiweiß darf in einer Menge von höchstens 2 %, bezogen auf Fleisch und Fett, ohne Deklaration verarbeitet werden.

   Fleischsalat enthält mindestens 25 % Fleischgrundlage, mindestens 40 % Mayonnaise oder Salat-Mayonnaise, höchstens 25 % Gurken und würzende Beigaben.

   Zu Fleischsalat darf kein Gemüse oder Obst verarbeitet werden. Wird bei Fleischsalat auf eine besonders gute Qualität hingewiesen, z. B. durch das Wort „fein", so muß der Fleischanteil höher sein, und zwar

   mindestens 33 1/2 % Fleischgrundlage,
   mindestens 40 % Mayonnaise oder Salat-Mayonnaise,
   höchstens 16 1/2 % Gurken oder würzende Bestandteile.

   Die Mayonnaise hat in diesem Fleischsalat mindestens 65 % Fettgehalt.

   Wird ein Teil der Gurken durch Gemüse oder andere Zutaten ersetzt, so handelt es sich um „Italienischen Salat".

3. Rindfleischsalat

   Rindfleischsalat wird aus gekochtem, gegartem oder anderweitig behandeltem, geschnittenem Rindfleisch mit verschiedenen Beigaben hergestellt.

   Der Fleischanteil beträgt mindestens 20 %. Dieser Salat kann mit Mayonnaise, Salat-Mayonnaise oder einer anderen würzenden Sauce oder mit Öl und/oder Essig und würzenden Zutaten angerichtet sein.

4. Ochsenmaulsalat

   Die Grundlage bilden mindestens 50 % gepökelte, gekochte und geschnittene Rindermäuler. Die Zubereitung erfolgt mit Essig, Öl, Zwiebeln, Gewürzen und anderen Würzstoffen.

5. Geflügelsalat

   Für Geflügelsalat wird gekochtes, gegartes oder anderweitig behandeltes, geschnittenes Geflügelfleisch verarbeitet. Außerdem enthält dieser Salat Mayonnaise, Salat-Mayonnaise oder eine andere würzende Sauce oder Öl und/oder Essig und würzende Zutaten.

   Beigaben von Ei, Pilzen, Obst und Gemüse sind möglich.

   Der Fleischanteil an Geflügelfleisch beträgt mindestens 25 %.

6. Salate mit einem Zusatz von Fleisch, einschließlich Geflügelfleisch und Wild

   Werden sonstige Salate mit einem Zusatz von Fleisch in den Verkehr gebracht, so ist die Zusammensetzung und Bezeichnung dem Hersteller überlassen. Deutet die Namensgebung auf einen Zusatz von Fleisch hin, so beträgt der gesamte Fleischanteil mindestens 10 %.

   Die Salate werden mit Mayonnaise oder einer anderen würzenden Sauce zubereitet.

7. Heringssalat

   Heringssalat ist eine Zubereitung aus geschnittenen, entgräteten, gesalzenen und/oder gesäuerten Heringen mit Mayonnaise, Salat-Mayonnaise oder mit einer Essig-Öl-Marinade und Zusatz von Gurken, roten oder weißen Rüben, Kartoffeln, Tomaten, Paprikaschoten, Zwiebeln, Sellerie, Äpfeln, Nüssen, Kapern, Gewürzen.

   Heringssalat enthält mindestens 20 % Heringe und mindestens 25 % Mayonnaise oder Salat-Mayonnaise.

   „Delikateß-Heringssalat" oder „Feiner Heringssalat", also Heringssalat, der hervorhebend deklariert wurde, enthält mindestens 25 % enthäutete und zerkleinerte Heringe und mindestens 30 % Mayonnaise oder Salat-Mayonnaise mit mindestens 65 % Fettgehalt.

8. Salate aus Gemüse, Pilzen oder Obst.

   Hier bestehen keine Normen. Erwartet werden lediglich mindestens 40 % feste Bestandteile.

Wird auf eine Gemüseart besonders hingewiesen, z. B. auf Pilze (Pilzsalat, Gemüsesalat mit Pilzen), dann müssen mindestens 20 % der besonders erwähnten Gemüsearten im Salat enthalten sein.

Abschließende Betrachtung

Erzeugnisse, die den Leitsätzen entsprechen, gelten als Feinkostsalate. Weicht die Zusammensetzung ab, so darf der Salat nicht als Feinkostsalat angeboten werden.

Fortsetzung auf Seite 110

Gemischte Salate

Der optische Kontrast ergibt sich aus dem Salat in Ölmarinade und dem Geflügelsalat mit Mayonnaise.

Als Erfinder der Salatküche gelten die Römer und ihre Nachfahren. Die Italiener sind heute Meister im Salatmischen. Hinzu kommt, daß sie die gesundheitlichen Aspekte herausgestellt haben.

Da heute ernährungsbewußte Kunden auf die „schlanke Linie" sehen, erfreuen sich Salatzubereitungen einer zunehmender Beliebtheit.

Salate zählen zur leichten, vitaminreichen Kost.

Schweizer Wurstsalat

Material

300 g	Lyoner
150 g	Thüringer Rotwurst
50 g	Zwiebeln
100 g	Senfgurken
200 g	Emmentaler Käse
200 g	Salatsauce mit Kräutern
1000 g	

Zubereitung

1. Alle Zutaten in Streifen schneiden.
2. Salatsauce herstellen.
3. Zutaten mit der Salatsauce vermengen, durchziehen lassen.
4. Salat mit Tomaten, Petersilie, Kresse bzw. Feldsalatblättern garnieren.

Orientalischer Geflügelsalat

Material

400 g	Geflügelfleisch, gekocht, gewürfelt
100 g	Champignons
50 g	Ananas, gewürfelt
100 g	Spargel in Stückchen
75 g	Selleriesalat
50 g	Orangen oder Klementinen
100 g	Äpfel in kleinen Würfeln
75 g	Gurken, süß-sauer
50 g	Perlzwiebeln
400 g	Mayonnaise, mit Currypuder abgeschmeckt
1400 g	

Hinweis

Dieser Salat hat eine fruchtige, säuerliche Note, die einen frischen Geschmackscharakter hinterläßt. Um das Fleisch etwas saftiger zu erhalten, kann es mit kräftiger Hühnerfleischbrühe vermengt werden. Das Fleisch muß dann aber einige Zeit stehen, bis es die Hühnerbrühe vollständig aufgenommen hat.

Aus den Leitsätzen für Feinkostsalate (II)

Salate, die keine Feinkostsalate sind, bedürfen einer näheren Bezeichnung, ebenso sind Phantasienamen näher zu erklären, um Verwechslungen mit „Feinkostsalaten" auszuschließen.

Hinweise wie „echt" oder „rein" in Verbindung mit der Salatbezeichnung entsprechen nicht der Verkehrsanschauung.

Alle Mengen- und Prozentangaben beziehen sich jeweils auf die Zeit der Herstellung.

Nützliche Hinweise

1. Salatbehälter und Löffel einheitlich wählen, am besten eine Salatecke schaffen. Das Salatangebot fällt dadurch mehr auf.
2. Neue Salate besonders in das Blickfeld der Kunden rücken.
3. Schüsseln oder Schalen nicht zu voll füllen.
4. Für einen appetitlichen Gesamteindruck sorgen. Leere oder fast leere Salatschüsseln sofort auffüllen, damit der Salat nicht als Rest wirkt.
5. Stets auf saubere Ränder der Behälter achten.
6. Salate deutlich kennzeichnen, damit der Kunde bei der Kaufentscheidung eine klare Vorstellung hat.
7. Empfindliche Salate in der Mittagspause bzw. über Nacht abdecken.
8. Weniger gefragte Salatarten aus dem Angebot nehmen und neue Sorten einführen.
   Kostproben in kleinen Probierbechern kommen gut an.
9. Für Zeiten verstärkter Nachfrage Salate vorgepackt bereithalten.
10. Einige Sorten auf die Jahreszeit abstimmen (Frühlingssalat, Spargel-Schinken-Salat, Herbstsalat).
11. Essig-, Öl- bzw. Kräutermarinaden nach dem Shaker-Prinzip herstellen, d. h., alle Zutaten in eine Flasche mit großer Öffnung geben, verschließen und kräftig schütteln.
12. Frische Zwiebeln mit lauwarmem Wasser abschwenken und abtropfen lassen.
13. Für den Geschmack und das Aussehen ist die Schnittform der Bestandteile wichtig. Es sollten jeweils nur Streifen, Scheiben oder Würfel geschnitten bzw. miteinander vermengt werden, um eine gleichmäßige Salatstruktur zu erhalten.
14. Gemüse aus Konserven mit Wasser abschwenken und auf einem Sieb abtropfen lassen. Die anhaftende Lake beeinträchtigt die Haltbarkeit.
15. Grüne Salate, die welk geworden sind, lassen sich im lauwarmen Wasser auffrischen.
16. Rohes Gemüse und rohe Salate halten sich trocken gekühlt am besten.
17. Eier platzen beim Kochen nicht, wenn dem Kochwasser Salz zugefügt wird.
18. Essig-Öl-Marinaden vor dem Vermischen mit dem Salat umrühren. Das Öl setzt sich von den Zutaten leicht ab.
19. Essig und Öl bestimmen den Charakter einer Salatsauce. Auf Qualität zu achten lohnt sich. Empfehlenswert sind: Wein- oder Rotweinessig. Ein milder Obstessig ist ebenfalls bestens geeignet. Beim Öl werden meist geschmacksneutrale Pflanzenöle gewählt. Der typische Geschmack des Olivenöls ist nicht jedermanns Sache.
20. Frische Kräuter wie Thymian, Majoran, Rosmarin oder Basilikum geben der Salatsauce eine würzige Kräuternote, die auf die übrigen Zutaten abgestimmt werden muß.
    Petersilie und Schnittlauch harmonieren zu allen Salaten ohne Fruchtcharakter.
21. Die klassische Mayonnaise wird mit Essig, Öl, Wein, Kräutern, Sahne oder Senf zu einem raffinierten Dressing.
22. Dressings mit Joghurt und Crème fraîche gewinnen als „leichte Salatsaucen" immer mehr an Beliebtheit.
23. Leichte Dressings lassen sich mit Tomatensaft, Paprika, Currypuder, Kräutern, Knoblauch, grünem Pfeffer und abgestimmten Gewürzen zu „Würzdressings" veredeln.

Fruchtsalate

Als arbeitssparend haben sich Früchte bzw. Fruchtcocktails aus der Dose erwiesen. Um diesen Mischungen eine frische Note zu geben, ist der Zusatz von frischen Früchten wie Ananas, Kiwis, Melonen, Mandarinen, Apfelsinen und Bananen empfehlenswert.

Es ist zweckmäßig, die frischen Früchte etwas größer als die übrigen Obststückchen zu schneiden. Der Salat wird dadurch lebhafter. In einigen Fällen, besonders bei festlichen Anlässen an heißen Tagen, kann ein Fruchtcocktail die Funktion der Vorspeise übernehmen, wenn, nach einem gewissen Zeitabstand, zum kalten Büfett gebeten wird.

Dieser Fruchtsalat ist als selbständiges Dessert gedacht. Er paßt aber auch ausgezeichnet zu Eis.

Fruchtcocktail mit Früchten aus der Dose

900 g	Fruchtcocktail
100 g	Bananen, frisch
100 g	Cocktailkirschen
100 g	Birnen
100 g	Kiwis
200 g	Wassermelone
1500 g	

Zubereitung

Inhalt der Dosen in eine Schüssel geben. Die frischen Früchte schälen, teilen und in etwa 2 cm große Stücke schneiden. Fruchtsalat mit einem Schuß Orangenlikör und Schwarzwälder Kirsch verfeinern.

2 Gläser Weißwein oder Sekt
3 Gläschen Orangenlikör
2 Gläschen Schwarzwälder Kirsch

Bunter Birnensalat

Material

500 g	Birnen
4	Kiwis
100 g	Himbeeren
50 g	Mandelsplitter
2 cl	Birnengeist
1	Glas Sekt
	geschlagene Sahne zur Garnierung
	Zitronensaft

Zubereitung

1. Birnen in feine Streifen schneiden.
2. Kiwis schälen, würfeln.
3. Birnen in Zitronensaft einlegen.
4. Alle Zutaten vermengen.
5. Sekt und Birnensaft aufgießen.
6. Salat mit Sahne garnieren.

Salatsaucen

„Nimm Essig wie ein Geizhals, Öl wie ein Verschwender, Salz wie ein Weiser, mische wie ein Narr." So soll der berühmte Brillat-Savarin vor über 150 Jahren geantwortet haben, als er um ein Salatsaucenrezept gebeten wurde.

Ganz so einfach wollen wir uns die Salatsaucenzubereitung nicht machen. Wir suchen heute nach Abwechslung und differenzierten Würzungen, die mit den Salatgrundlagen harmonieren sollen.

Generell können wir folgende Salatsaucen unterscheiden:

1. Salatsaucen auf Essig-Öl-Basis, wobei Essig durch Wein oder Zitronensaft ganz oder teilweise ersetzt werden kann.
2. Salatsaucen mit saurer Sahne, süßem Rahm, Joghurt, Mayonnaise. Diese Saucen können als saure Komponenten auch Essig, Wein oder Zitronensaft haben.
3. Salatsaucen mit Tomatenmark. Diese haben ebenfalls Essig, gehen oft in die Ketchuprichtung.
4. Salatsaucen mit fruchtiger Note, auch mit Fruchtsäften, Fruchtlikören, alkoholischen Zusätzen, Früchten in Rum und Fruchtgelee.

Damit ist die Skala der Möglichkeiten allerdings nur angedeutet. Täglich kommen neue Saucenkreationen hinzu. Ob sie als Salatmarinade, Salatsauce oder als Dressing bezeichnet werden, das hängt sehr von der sprachlichen Neigung der jeweiligen Hersteller ab.

Während „Sauce" dem französischen Sprachbereich entstammt, kommt der Begriff „Dressing" aus dem englischen Sprachraum. Populär wurden „Dressings" durch Fertigsaucen. Heute taucht diese Bezeichnung für die verschiedenartigsten Salatsaucen auf.

Eines ist allerdings ganz unbestreitbar: Zum Salat gehört eine Sauce. Ob sie mit Essig, Öl, Gewürzen, mit oder ohne Mayonnaise konzipiert wird, soll nicht so wichtig sein. Nur eines ist wichtig: Eine Salatsauce muß zusammen mit den Salatzutaten zu einem interessanten, abwechslungsreichen Geschmack beitragen.

In der Tat haben wir so viele Möglichkeiten, zu jedem Salat eine passende Salatsauce herzustellen, daß sich damit ein ganzes Buch füllen ließe.

Uns sollen allerdings nur die wichtigsten Geschmacksrichtungen interessieren, die hauptsächlich mit Salaten mit einer Fleisch- und Wursteinlage harmonieren.

Dazu ein Hinweis: Die Zutaten und Mengenverhältnisse für Salatsaucen mit gleichem Namen schwanken stark. Die hier erwähnten Saucen und Mengenangaben können deshalb nur ein Anhaltspunkt sein. Die letzte geschmackliche Abstimmung sollte allerdings jeder nach seinem persönlichen Geschmack treffen.

Salatsaucen auf Essig-Öl-Basis

Soll der Essig als tragende Würzung den Salat durchziehen, dann kommt er ungebunden zu den Salatzutaten. Eingehüllt in Öl, rundet Essig den Geschmack ab. Eine Prise Zucker, Kräuter, Gewürze und Speisewürze sollten nicht fehlen. Vorteilhaft ist es, Salatsaucen durchziehen zu lassen und davon stets einen ausreichenden Vorrat zu halten. Bewährt haben sich Breithalsflaschen. Die Verschlüsse sind dicht, und der Inhalt kann durch kräftiges Schütteln rasch und innig vermengt werden. Salatsaucen auf Essig-Öl-Basis sind gekühlt und dunkel aufbewahrt längere Zeit lagerfähig.

Helle Salatsaucen mit Rahm oder Mayonnaise

Für Fleischsalat ist der Fettgehalt der Mayonnaise und der Mindestanteil an Fleisch festgelegt. Bei anderen Feinkostsalaten besteht die Möglichkeit, von einer Essig-Öl-Basis auszugehen und die Sauce mit Rahm, Kaffeesahne, Mayonnaise, Joghurt, Kräutern, feingewiegten Zwiebeln und Gewürzen zu variieren.

Dunkle Salatsaucen

Als Basis ist Tomatenmark mit Paprikazusätzen am häufigsten. Den Ausgangspunkt kann eine Essig-Öl-Basis bilden, möglich ist der Zusatz von Tomatensaft, Kaffeesahne, Mayonnaise, um optisch und geschmacklich eine Abwechslung zu schaffen.

Fruchtige Salatsaucen

Sie können eingedickten Fruchtsaft als Basis haben oder Fruchtzusätze enthalten. Feingehackte Früchte sind roh oder gedünstet üblich. Meist werden diese Saucen süß-sauer mit Essig angelegt. Sie können aber auch in Verbindung mit Senf, Meerrettich, Sahne und anderen Komponenten zusammengestellt werden. Passend ist oft eine leichte Currynote.

Von diesen allgemeinen Hinweisen zu einigen Rezeptvorschlägen, die europäischen Zungen erfahrungsgemäß am besten munden.

Bei fruchtigen Saucen tragen alkoholische Zusätze wie Wein, Cognac, Obstschnäpse und Fruchtliköre zur Geschmacksverfeinerung und Aromatisierung bei. Diese Möglichkeiten sollten genutzt werden.

Würzmarinaden

Unter der Bezeichnung „Marinade" sind die verschiedensten saucenähnlichen Zubereitungen auf dem Markt. Sie werden überwiegend in gebrauchsfertiger Form zur Fleischverfeinerung angeboten.

Diese Würzmarinaden eignen sich sehr gut als Basis für Salatsaucen, Dressings und Dips. Sie können mit Sauerrahm, Wein, Joghurt und den verschiedensten Einlagen variiert werden.

Saucen für das Büfett

Würzige Wildfrüchte-Sauce

Material

800 g	Wildfrüchte oder fertige Wildfruchtzubereitung
100 g	Zwiebeln
100 g	Rotwein oder Kirschsaft
	Chilis nach Geschmack

Zubereitung

1. Wildfrüchte aufkochen oder fertige Wildfrüchtezubereitung einsetzen.
2. Zwiebeln fein hacken.
3. Alle Zutaten vermengen und würzen.

Auf Wunsch etwas Zitronensaft dazupressen. Der Kontrast von Wildfrüchten und Zwiebeln, dazu die Chilischärfe machen den besonderen Reiz dieser Sauce aus.

Tomaten-Gyros-Sauce

Material

1 l	passierte Tomaten
300 g	Gyros

Zubereitung

1. Tomaten passieren oder fertig passierte Tomaten verwenden.
2. Mit der Gyros-Gewürzmischung würzen, mit Salz abschmecken.

Bei Gyros-Gewürzsalzen oder salzhaltigen Gyros-Würzungen entfällt die Salzzugabe. (Den Herstellerhinweis beachten.)

Als Abwechslung kann etwas Tomatenketchup zugesetzt werden, um eine säuerliche Geschmackskomponente zu erhalten.

Tomaten-Kräuter-Sauce

Material

1 l	Tomatenketchup
200 g	Zwiebeln
50 g	Champignons
50 g	Essiggurken
50 g	Paprika, grün
50 g	Petersilie und Schnittlauch oder
10 g	Kräutermischung, getrocknet
1 g	Geschmacksverstärker

Zubereitung

1. Alle Einlagen fein hacken, Zwiebeln blanchieren, wenn es auf eine etwas längere Haltbarkeit ankommt.
2. Tomatenketchup mit den Zutaten vermengen. Die fertige Tomaten-Kräuter-Sauce mit Petersilie garnieren.

Salatsauce mit Mayonnaise und Kräutern

600 g	Mayonnaise
300 g	Weinessig
100 g	Fleischbrühe
10 g	Kräutermischung, getrocknet
50 g	feingehackte Zwiebeln nach Wunsch

Salatsauce mit Kräutern

600 g	Weinessig
200 g	Fleischbrühe
200 g	Speiseöl
10 g	Kräutermischung, getrocknet
50 g	feingehackte Zwiebeln, eine Prise Zucker

Die Sauce kann mit Senf, Zitronensaft und Gewürzen entsprechend abgewandelt werden.

Rosa Salatsauce mit Tomatenketchup

600 g	Mayonnaise
200 g	Tomatenketchup
200 g	Dosenmilch
5 g	Paprika, edelsüß
3 g	Pfeffer, weiß, gemahlen oder
8 g	eines entsprechenden Salatgewürzes

Auf Wunsch mit etwas Essig und Tabascosauce schärfen.

Saucen für Büfetts und den Party-Service

Apfel-Preiselbeer-Sauce

600 g	Preiselbeeren
400 g	Äpfel
1000 g	

Herstellung

Preiselbeeren, aus dem Glas, Äpfel schälen, in kleine Würfel schneiden oder hacken und unterziehen.

Nach Geschmack mit Zitronensaft verfeinern.

Anstelle von Preiselbeeren können auch Wildfrüchte verwendet werden.

Eine sehr interessante Geschmacksnote läßt sich erzielen, wenn die Sauce durch Sambal Oelek etwas Schärfe erhält.

Preiselbeermeerrettich

600 g	Meerrettich
150 g	Sauerrahm
250 g	Preiselbeeren
1000 g	

Herstellung

Alle Zutaten vermengen. Hinweis: Bei Einsatz von zubereitetem Meerrettich entfällt der Rahmzusatz. Die Meerrettichmenge wird entsprechend erhöht.

Das Verhältnis Meerrettich zu Preiselbeeren kann, abhängig von den Geschmackswünschen, variieren.

Auf Wunsch kann auf den Sauerrahm verzichtet werden, wenn die Schärfe des Meerrettichs kräftig hervortreten soll.

Tsatsikisauce

400 g	Quark, 20 %
300 g	Sauerrahm
150 g	Zwiebeln
150 g	frische Gurken
1000 g	

Würzung

Nach Geschmack mit Tsatsikigewürz nach Angabe des Herstellers.

Tsatsikisauce wird gerne zu „Gyros-Geschnetzeltem" gereicht.

Sie eignet sich wegen ihres ausdrucksvollen Geschmacks aber auch zu allen Grilladen, Braten und gebratenen Fleischzubereitungen.

Deshalb ist Tsatsikisauce auf jedem kalten Büfett willkommen.

Sülzen und Aspikerzeugnisse für das kalte Büfett

Eigentlich läßt sich alles in Aspik einlegen. So sind für kalte Büfetts Sülzen mit allen erdenklichen Fleisch- und Wursteinlagen, mit Gemüse, ebenso reine Gemüse- und Fruchtsülzen beliebt.

Unterschieden wird zwischen:

a) Sülzen im Darm, die rund oder gepreßt hergestellt werden, und

b) Sülzen in Formen, die gestürzt oder als kleine Portionssülzen im Behältnis präsentiert werden.

Besonders die kleinen Portionssülzen können Glanzpunkte eines kalten Büfetts sein. Bei Fisch, Geflügel oder Bratenstücken als Einlage kann die Bezeichnung „in Aspik" angebracht sein, z. B. Hering in Aspik, Rindfleisch in Aspik, Geflügelfleisch in Aspik oder Fruchtcocktail in Aspik. In diesen Fällen darf der Anteil des Aspikaufgusses gewichtsmäßig überwiegen.

Für die Herstellung von Fleisch- und Gemüsesülzen ist der Einsatz von gebrauchsfertigen, gewürzten Aspikpulvern zweckmäßig. Sie garantieren einen klaren Aspikaufguß mit gleichbleibender Qualität.

Erwartet wird ein vollmundig schmeckender Aspik mit harmonischer Würzung und einer pikanten, süßlich-sauren Note. Der Biß soll angenehm fest, doch nicht zu fest sein. Entscheidend für den Erfolg der Sülze ist der Geschmack des Aspiks, da sein Anteil den Geschmackscharakter der Sülze nachhaltig prägt.

Früchte in Aspik

Für Früchte und Fruchtzubereitungen, die sehr gern als Nachtisch gereicht werden, muß reines Aspikpulver genommen werden.

Für einen ungetrübten, klumpenfreien Aspikaufguß muß die benötigte Gelatinemenge vorgequollen werden.

Qualitätsmerkmale für reine Gelatine sind:

1. Das Aussehen, wobei weiße bis gelbliche Tönungen am beliebtesten sind.
2. Geruch und Geschmack sollen neutral sein.
3. Die Bloomzahl, als Orientierungshilfe für die Gelierfähigkeit.

Bei der Beurteilung der Festigkeit von Aspik muß von der gleichen Zugabemenge pro Liter Wasser ausgegangen werden, da die Aspikmenge die Festigkeit beeinflußt. Auch die Temperatur spielt eine Rolle. Ein Aspik aus dem Kühlraum hat einen festeren Biß als der gleiche Aspik bei sommerlicher Temperatur.

Beliebt sind Zusätze von Wein, z. B. für „Weinaspik", oder von Obstbränden, um das Aroma der eingelegten Früchte zu steigern.

Tellersülzen und Sülzkoteletts

Vorgesehene Formen mit einem etwa 3 mm dicken Aspikspiegel ausgießen.

Günstigste Temperatur für den Aspikaufguß: 35 °C. Aspikspiegel erstarren lassen.

Auf dem festen Aspikspiegel Garnierung anordnen. Zur besseren Haftung werden die einzelnen Teile, wie Gurkenfächer, Eischeiben und Karotten, in Aspiklösung getaucht und praktisch auf den Aspikspiegel „geklebt". Abschließend wird die Garnierung mit einer dünnen Aspikschicht abgedeckt.

Sobald der Aspik erstarrt ist, werden die vorbereiteten Koteletts, Nacken- oder Bratenscheiben auf die garnierte Aspikunterlage gesetzt.

Hinweis

Bei kleingeschnittenen Einlagen, wie Wurststreifen, Schinkenwürfeln, Käse oder Gemüse, werden die Einlagen mit dem Aspikaufguß vorsichtig vermengt und in die Formen gefüllt.

Die Einlagen werden zum Schluß mit Aspikaufguß übergossen.

Sülzen mit kleingeschnittenen Einlagen erhalten nach dem Erkalten einen etwa 3 mm dicken Aspikaufguß als Abschluß.

Hinweis

Vor dem Herausnehmen werden die Formen in heißes Wasser getaucht.

Dekorative Sülzen

Tellersülzen bzw. Sülzen in Formen haben Tradition und nehmen an Beliebtheit zu. Sie wirken appetitlich und sprechen besonders alleinstehende Personen und kleinere Haushalte an:

Die Zusammenstellung dieser Sülzen erfolgt nach drei Gesichtspunkten:

1. Sülzen sollen optisch und geschmacklich Abwechslung bieten.
2. Die Zusammenstellung soll die örtlichen Geschmackswünsche berücksichtigen.
3. Die Materialauswahl erfolgt nach den Bedürfnissen des Geschäfts, wobei Zuschnitte, die regelmäßig anfallen, vorteilhaft verwendet werden können.

Auf einem Büfett können die Sülzen ganz, portioniert oder in Scheiben präsentiert werden.

Bei allen Sülzen, die ungestürzt auf das Büfett kommen, z. B. Tellersülzen oder kleine Portionssülzen in der Form, bilden die Garnierung sowie ein dünner Aspikdeckspiegel den Abschluß.

Ein Essig-Wein-Öl-Dressing ist eine willkommene Beigabe.

Sülzen für das kalte Büfett

Sülzen sind auf jedem Büfett ein dekorativer Blickfang. Sie werden gern verzehrt, weil sie Abwechslung bieten und ausgezeichnet schmecken.

Produktideen für Portions- und Tellersülzen

1. Kochschinkenröllchen, mit Fleischsalat gefüllt.
2. Lyoner in Aspik, in Streifen oder Würfel geschnitten, Gurken gewürfelt.
3. Gepökelte Rinderzunge in Würfeln.
4. Sülzen mit Gemüse als Spiegel oder mit Meerrettichaspik.
5. Dauerbrühwurst in Streifen, als Spiegel mit Käse in quadratischer Form angeordnet.
6. Schweinebraten in Scheiben, mit Ei, Paprika und Schnittlauch garniert.
7. Gepökelter Schweinebauch in Scheiben mit Ei, Paprika und Gurken.

Vorbehandlung der Einlagen für Teller- und Portionssülzen

Fleisch- und Wurstwaren zu gewünschter Größe schneiden, vor dem Verarbeiten mit heißem Wasser abspülen, um Trübung durch anhaftendes Fett zu vermeiden.

Einlagen mit dem vorbereiteten Aspikaufguß vermengen oder übergießen.

Kleine Käsekunde

Käse gehört wie Fleisch zu den ältesten Nahrungsmitteln der Menschen. In aller Welt wird Käse aus Milch gewonnen, es kann Kuh-, Ziegen-, Schafsmilch, aber auch Kamel-, Büffel- oder Lamamilch sein.

Für die Süßkäseherstellung wird das Ausgangsmaterial Milch mit Lab dick gelegt. Für Sauermilchkäse lassen Milchsäurebakterien die Milch gerinnen. Die gedickte Milch heißt Käsebruch. Die Größe der einzelnen Stücke des Käsebruchs bestimmt die Festigkeit der Käsesorten in Verbindung mit einer speziellen Behandlung.

Um einen Emmentaler von etwa 80 kg herzustellen, werden zirka 1000 Liter Vollmilch benötigt. Die Reifezeiten der Käse sind sehr unterschiedlich.

Hartkäse muß 3 bis 12 Monate reifen, Schnittkäse 1 bis 2 Monate und Weichkäsesorten nur wenige Tage.

Abhängig vom Wasserentzug bei der Herstellung steigt der Fettgehalt in der Käsemasse an. Daraus resultieren die Käsefettstufen, wobei der Prozentanteil des Fettes in der Trockenmasse die Fettstufe bestimmt. In engem Zusammenhang mit dem Wassergehalt steht auch die Lagerfähigkeit. Lange gereifte Käse mit niedrigem Wassergehalt sind besser lagerfähig als Käse mit höherem Wasseranteil.

Die geschmacklichen Unterschiede ergeben sich aus der Wahl der Grundstoffe Milch und Rahm, der Behandlungsart und der Reifedauer. Generell kann von einer Reifung aus dem Inneren heraus und einer Reifung von außen nach innen gesprochen werden. Eine von innen gereifte Käsesorte ist z. B. der Appenzeller, während der Charakter eines Camemberts von der äußeren Schimmelentwicklung bestimmt wird.

Käsemarketing

Der Käseverzehr steigt ständig an. Zu dieser Entwicklung tragen bei

die Sortenvielfalt,
die Verfeinerung der Eßkultur,
Spezialabteilungen des Einzelhandels,
die Werbung für den Käseverzehr.

Mit einem jährlichen Pro-Kopf-Verbrauch von fast 20 kg rückte die Bundesrepublik auf Platz 2 der Käseverzehrskala. Die Deutschen liegen damit dicht hinter ihren französischen

Nachbarn. Diese Marktentwicklung veranlaßte viele Fleischereien, das sogenannte „weiße Sortiment" in die Theken aufzunehmen. Da das Käsesortiment inzwischen über 600 Sorten umfaßt, ist im Fleischerfachgeschäft eine Konzentration auf hochwertige, anspruchsvolle Sorten nötig. Hier muß die Qualität vor dem Mengendenken rangieren. Wichtig ist in jedem Fall die richtige Präsentation, da sich etwa 80 % der Käsekäufer erst an der Theke entscheiden. Die Zahl der Sorten und die Angebotsmengen bestimmen die Flächen in der Theke. In einer etwa 2 m langen Theke lassen sich 30 bis 40 Käsesorten präsentieren. Da so viel Thekenfläche meist nicht zur Verfügung steht, soll sich das Fleischerfachgeschäft auf nur 8 bis 12 Käsesorten konzentrieren.

Große Bedeutung kommt dabei der Warenkenntnis des Bedienungspersonals zu, da viele Kunden Auskünfte über den Geschmack, die beste Lagerung sowie Haltbarkeit wünschen. Eine gute Möglichkeit, die Käseecke in den Blickpunkt der Kunden zu rücken, bieten Handzettel mit einer Beschreibung einzelner Käsesorten und Rezeptvorschläge, auch in Kombination mit Fleisch- und Wurstwaren.

Bei 8 bis 12 Käsesorten kann so mehrere Wochen lang erfolgreich geworben werden. Kaufanregend wirken regelmäßig ausgestellte Käseplatten. Sie leiten direkt zum Plattenservice und kalten Büfett über.

Käseplatten für das kalte Büfett

Als Garnierung eignen sich aus geschmacklicher und optischer Sicht folgende Beilagen:

Weintrauben, Cocktailkirschen, Nüsse, Mandarinenstückchen, Ananas, Pflaumen, Gurken, Perlzwiebeln, gefüllte Oliven, Maiskölbchen.

Neben der reinen Käseplatte sind auch kleine Käse-Wurst-Kombinationsplatten beliebt. Sie können für die verschiedensten Anlässe als Bauernteller, Holzfällerbrotzeit, schwäbisches Vesper, Reiterfrühstück, Winzerplatte oder als hessische Brotzeit angeboten werden.

Sehr gut passen Schinken, Schnittkäse, Dauerbrühwurstsorten, Landjäger, Bauernbratwürste, Radieschen, Rettiche sowie süß-saure Beilagen zusammen.

Die Zusammenstellung und die Bezeichnung richten sich nach der Landschaft, dem Anlaß und den Wünschen der Kunden. Interessant sind auch Käsespieße mit Salami, Dauerbrühwurstsorten und süß-sauren Gemüsen oder Früchten. In jedem Falle gehört Käse zum Plattenservice und zum kalten Büfett.

Würzige Käseportionen

Portionsgerechte Käsehappen im Gewürzmantel erfreuen Augen und auch Gaumen.

Zubereitung

1. Schnittfeste Käsesorten in portionsgerechte Stücke schneiden, mit groben Gewürzmischungen würzen, auf Wunsch spießen. Für den Abschluß der Spieße eignen sich: Silberzwiebeln, Gurken, Oliven, Paprika, Nüsse, Trauben und Datteln.
2. Weichkäse mit etwas Sauerrahm anrühren und zu Bällchen, Röllchen oder Plätzchen formen, von allen Seiten abwechslungsreich würzen.

Käsearrangement

Eine übersichtlich und wirkungsvoll gelegte Platte, mit abwechslungsreichen Käsesorten.

Legetechnik

Die Warenanordnung ist schlicht und folgt der Form der rustikalen Platte. Der Camembert wurde in gleich große Stücke geschnitten und stufenförmig angeordnet.

Die etwas dicker geschnittenen Paprika- und Pfefferkäsescheiben wurden durch einen Schrägschnitt geteilt und zur Mitte hin gelegt.

Die mittelharten Käsesorten schließen sich stückig an. Zur optischen Auflockerung wurden Weichkäsesorten und runder Mini-Bonbel gewählt.

Garnierung

Das Früchtebukett wird abwechslungsreich zusammengestellt. Es kann auf einer halbierten kleinen Ananas angeordnet werden.

Ein kleiner Kräuterstrauß schließt das Arrangement ab.

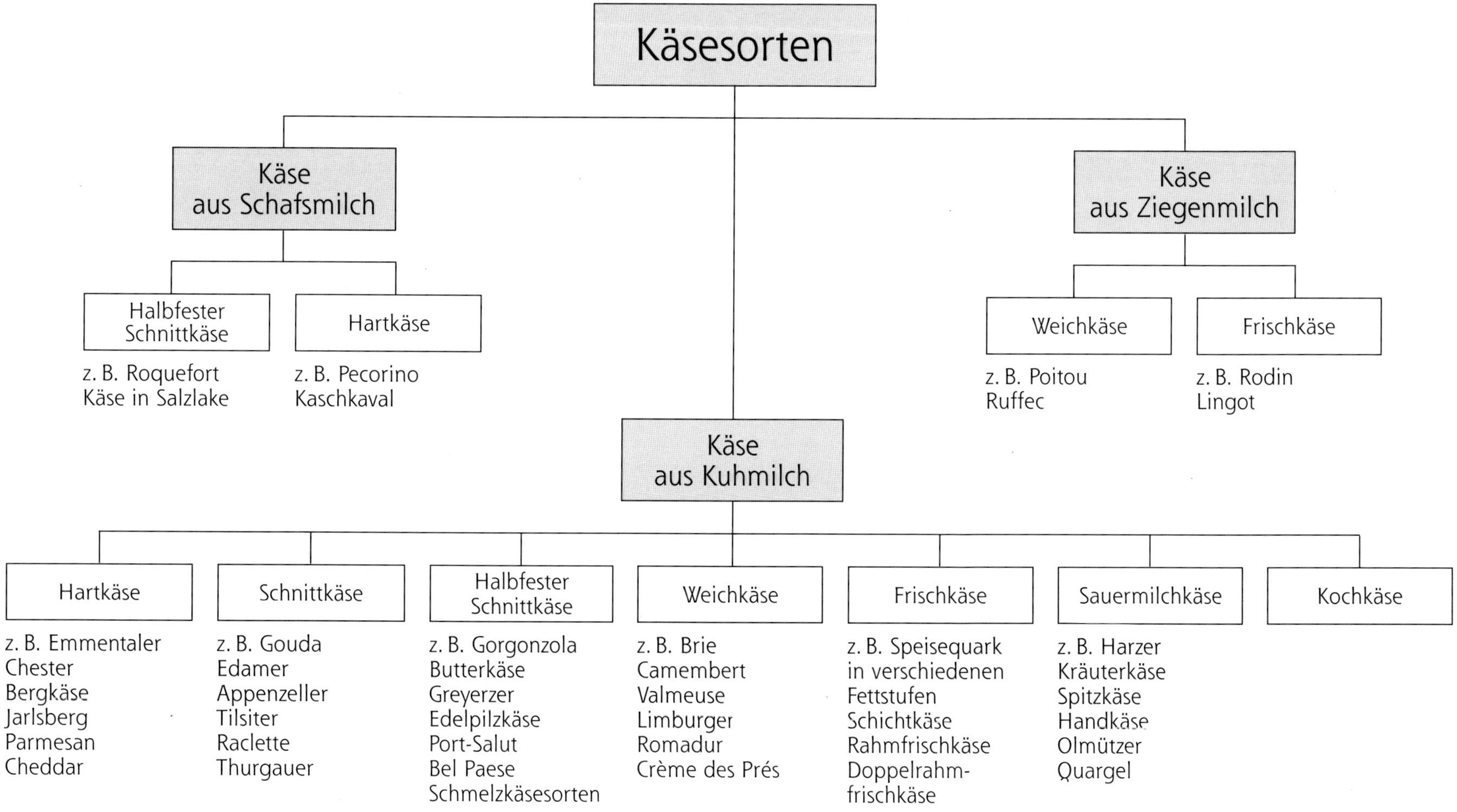

Die hier erwähnten Käsesorten wurden nur beispielhaft zur Erläuterung der schematischen Übersicht genannt.

Gemischte Käseplatte mit Trauben und Pfirsichen

Auf dieser Platte herrschen weiche Käsesorten in stückiger Form vor. Die Auswahl wurde vom Kunden getroffen, der diesen Akzent bevorzugte. Der Gesamteindruck wirkt nicht so ruhig und neigt zum Rustikalen hin. Die Platte ist für Gartenfeste und zwanglose Anlässe gut geeignet. Sie könnte auch, selbständig angeboten, eine handfeste „Käsebrotzeit" darstellen.

Gliederung

Von einer Längsachse ausgehend, endet die Linienführung im oberen Plattenteil in einem Halbkreis.

Damit die Platte nicht zu streng wirkt, laufen aus dem Halbkreis versetzt gelegte Käsescheiben aus. Die Mittellinie wird durch die dreieckigen Pumpernickelscheiben betont.

Gleichzeitig schafft das Braun der Brotstücke einen willkommenen Kontrast. Mit dem Legen wird am Rand begonnen.

Legetechnik

1. Weiche Käsesorten, in Stücken oder Scheiben neben- und übereinander.
2. Hartkäsescheiben, übereinandergelegt.
3. Ein kleiner, runder Käse, in Achtel aufgeteilt.

Garnierung

Zur Herstellung: Die Pumpernickelscheiben werden leicht gebuttert und im Wechsel Käse/Pumpernickel aufgeschichtet. Diese „Dreifachkäsebrote" können dann in beliebig große Stücke als Ecken, Streifen oder Würfel geschnitten werden.

Die Trauben sind aus einzelnen, kleinen Rispen zusammengesetzt, um eine leichte Wegnahme zu ermöglichen.

Die Pfirsiche werden geviertelt und zopfartig aneinandergelegt. Einige geschälte Kiwiachtel lassen das Grün der Trauben ausklingen.

Käsehäppchen auf rustikalem Wagenrad

Ein elegantes und übersichtliches Arrangement, das ins Auge fällt. Für diese Käsehäppchen wurde als Unterlage ein rustikales Wagenrad gewählt. Es soll ein Prinzip zeigen und keine abgeschlossene Garnierarbeit. Das Rad wird mit einem lebensmittelrechtlich unbedenklichen Lack überzogen. Die Glasplatte ist eine Sonderanfertigung.

Dieses „Käserad" hat drei Vorteile:

1. Es ist originell und wirkt deshalb auf jedem Büfett.
2. Es erlaubt, eine größere oder kleinere Menge Käse anzuordnen.
3. Die Spieße machen den Verzehr leicht.

Gliederung

Die Radnabe bildet den Mittelpunkt. Strahlenförmig sind als erste Reihe die Camembertecken angeordnet.

Es folgen Kräcker mit Kräuterkäsecreme sowie Emmentaler-Würfel mit Erdbeeren.

Garnierung

Für die Garnierung gibt es viel Spielraum. Die Käseecken können einseitig mit grobem Pfeffer, Kräutern oder Paprika gewürzt werden. Für den Abschluß der Spieße eignen sich Silberzwiebeln, Paprika, Gurken, Oliven, Nüsse. Die Fruchtnote kann mit Trauben, Datteln und anderen Früchten erzielt werden.

Käseplatte mit Fruchtgarnierung

Ein dunkles Teakholzbrett mit lebhafter Maserung ist für Käse ideal.

Die Holzfarbe kontrastiert zu fruchtigen und rustikalen Dekors. Die Verbindung Käse – Früchte wurde gewählt, weil sie heute bei einem breiten Verbraucherkreis ankommt. Der Gesamteindruck wirkt appetitanregend und reizt zum Zugreifen.

Gliederung

Eine symmetrische Anordnung, die vom Mittelpunkt ausgeht. Die einzelnen Segmente orientieren sich in der Größe nach der Menge der Ware. Die Trennung der Segmente erfolgt durch gewürzte Käsebällchen und Früchte.

Legetechnik

1. Weichkäsesorten, in Scheiben.
2. Räucherkäse, in dünnen Scheiben.
3. Camembert, in Ecken.
4. Frischkäsezubereitung, mit Kräutern und Paprika umhüllt.
5. Halbierte Erdbeeren, Honigmelone in Stücken, Birnen in Achteln.

Garnierung

Als beherrschender Blickpunkt werden die blauen Trauben gesetzt. Zum besseren Abnehmen werden die Trauben aufgeteilt und aus Teilen mit 4 bis 5 Weinbeeren zusammengesetzt. Für den farbigen Kontrast sorgen die Erdbeeren und die Birnen. Als Farbtupfer beleben Kirschen und Litschis den Mittelpunkt. Je nach Jahreszeit könnte die Garnierung auch aus Johannisbeeren, Erdbeeren, Pfirsichen und anderen Früchten bestehen.

Käseplatte für ein kaltes Büfett

Auf dieser Platte sind die großen Stücke zum Nachschneiden gedacht. Es ist zweckmäßig, ein kleines rundes Brett neben die Platte zusammen mit einem Messer zu legen, wobei der Gastgeber das Portionieren vornehmen kann. Diese Möglichkeit sollte für alle Fälle gezeigt werden, bei denen die Zahl der Gäste nicht genau eingeschätzt werden kann.

Die Platte erfordert legetechnisch kaum Aufwand und ist in der Menge sehr variabel.

Die Käseauswahl konzentriert sich auf gängige Sorten. Nach Absprache mit dem Auftraggeber kann die Auswahl auch größer und geschmacklich raffinierter sein.

Gliederung

Das Gliederungskonzept ergibt sich aus der Form der Platte, wobei ein leichter S-Schwung angestrebt wird. Die lockere Legeart ist beabsichtigt, damit alle Stücke und Scheiben bequem vom Brett genommen werden können.

Die Anordnung ist schlicht und berücksichtigt die Eigenart der Ware. Wie deutlich zu sehen ist, wird mit dem Legen am Rand begonnen, wobei die stückige Ware stufenförmig übereinanderliegt. Der gute Zugriff wird dadurch nicht beeinträchtigt. Die Mitte bleibt bei dieser Gliederung für die eigentliche Garnierung bzw. für einen Blickpunkt frei. Käsekugeln werden als dekorative Elemente eingesetzt.

Legetechnik

1. Käsescheiben, leicht versetzt übereinandergelegt.
2. Hart- und Weichkäsescheiben, flach gelegt.
3. Weichkäse als Stückware.
4. Frischkäse, als Kugeln geformt.

Garnierung

Ein Teil der Garnierung besteht aus abwechslungsreicher Außenwürzung, die nachträglich auf die Oberflächen bzw. Seiten aufgebracht wird.

Die auffälligen Farbtöne bringen die zerteilten Erdbeeren und die dunklen Oliven. Walnüsse, Pumpernickel und Laugenbrezeln fügen sich farblich ein.

Kleine Käseplatte mit Früchten

Eine übersichtlich und wirkungsvoll gelegte Platte mit fünf verschiedenen Käsesorten, die entsprechend den Kundenwünschen zusammengestellt wurden. Die Früchte sind zugleich Blickfang und geschmacklich eine kontrastierende Ergänzung. Die Platte ist für den kleinen Anlaß zusammen mit anderen Aufschnittplatten gedacht. Sie könnte die Tafel aber auch als Einzelplatte zieren.

Diese Platte kann nicht nachgelegt werden, wenn ein Brett in ähnlicher Form fehlt, denn es handelt sich um ein Birkenbrett, das durch einen Zufall entdeckt wurde.

Wer den Plattenservice ernst nimmt, wird deshalb immer Ausschau nach interessanten Platten halten, um auch von dieser Seite her dem Kunden etwas Besonderes zu bieten. Meist kommt dem Tüchtigen der Zufall zur Hilfe.

Gliederung

Zwei Reihen von Käsescheiben folgen der Brettform. Die Linienführung schwingt in den geraden Bretteilen aus. Um diesen Eindruck zu erreichen, liegen die Käsestückchen im unteren Bereich etwas versetzt. Die Linienführung wird durch gegenlaufend angeordnete Früchte betont.

Legetechnik

1. Geräucherter Pfefferkäse, Appenzeller und Emmentaler, in Scheiben flach übereinandergelegt.
2. Weichkäse, stückig geschnitten, dachziegelförmig übereinandergelegt.
3. Weichkäse, teilweise versetzt angeordnet.
   Mit dem Legen der Scheiben wird am Rand der Platte begonnen.

Garnierung

Grüne Weintrauben zu Rispen mit 3 bis 4 Trauben auseinandergepflückt und zusammengesetzt. Johannisbeeren ebenfalls rispenweise angeordnet. Die Erdbeeren werden halbiert und mit der flachen Innenseite nach oben gesetzt. Da die Garnierung farblich stark kontrastiert, wird auf alles andere Beiwerk verzichtet.

Gemischte Käseplatte

Das Besondere an dieser Platte sind die Käseecken mit Kräutern und die Käsebällchen.

Herstellung von Käsebällchen

Weichkäse ganz fein schneiden und mit Speisequark oder Frischkäse vermengen. Zur Verfeinerung können z. B. noch 1 oder 2 Stückchen Kräuter-Frischkäse beigegeben werden.

Die Masse läßt sich zusätzlich individuell würzen und zu Kugeln formen.

Bei den Käsebällchen können die Kräuter als Innen- oder Außenwürzung eingesetzt werden.

Gliederung

Die Form des Brettes bestimmt die Gliederung entlang der Längsachse. Da sich nicht alle Käsesorten rollen lassen, werden die Scheiben teilweise nur leicht eingerollt oder flach gelegt. Verschiedene Käsesorten verlangen eine stückweise Portionierung. Mit dem Legen wird am Rand begonnen. Die Mitte bleibt der Garnierung vorbehalten. Die Übergänge werden mit Käsewürfeln, Käsekugeln und Brezeln geschaffen. Es sollte darauf Wert gelegt werden, den natürlichen Farbunterschied zu nutzen.

Legetechnik

1. Weichkäsesorten, als Ecken oder Stücke gelegt.
2. Frischkäse, als Kugeln geformt.
3. Hartkäse, flach gelegt.
4. Käseröllchen.
5. Käsescheiben, leicht umgeschlagen.

Garnierung

Den eigentlichen farblichen Akzent setzen die Tomaten und Gurkenscheiben. Die Käsebällchen lassen sich gut selbst herstellen. Sie werden einfach in einem kräuterbetonten Gewürz gewälzt.

Pumpernickelstücke mit Butter beleben die großen Flächen der Käsescheiben bzw. -ecken.

Die Gurken werden als Rahmen um die mit Käsecreme gefüllten Tomaten gesetzt.

Fisch für das kalte Büfett (I)

Der Trend zur verfeinerten Eßkultur führte dazu, daß bei einem kalten Büfett eine Fischplatte erwartet wird.

Das gilt auch für kleinere Anlässe, für die nur einzelne Fleisch- und Wurstplatten bestellt werden. Fischdelikatessen gehören dazu.

Obwohl sich gekochter Fisch für das kalte Büfett eignet, wird geräucherter Fisch bevorzugt. Er bildet meist die Vorspeise.

Da bei Räucherfischen die Frische, die Fischart und die Verpackung qualitätsbestimmend sind, soll auf diese Kriterien etwas näher eingegangen werden.

Der Lachs

Am bekanntesten und beliebtesten ist als Fischdelikatesse der Lachs. Er lebt nur in den nördlichen Breiten und ist ein faszinierender Wanderer zwischen dem offenen Meer und seiner Geburtsstätte im Süßwasser.

Um die Laichplätze zu erreichen, legen die bis zu 1,50 m langen und etwa 30 kg schweren Raubfische oft Tausende von Kilometern zurück. Auf ihrem Wege werden sie mit Angeln oder Netzen gefangen. In Norwegen und Schottland gelang es inzwischen, Lachse in sogenannten Meeresfarmen zu züchten.

Aus geschmacklicher Sicht ist nicht das Vorleben des Lachses, sondern seine Abstammung wichtig. Zur absoluten Spitzenqualität wird der atlantische Lachs gezählt, auch Salm genannt. Ihm schließt sich in der Rangfolge der pazifische Lachs an, der vor den Westküsten Kanadas und Alaskas lebt.

Von den fünf verschiedenen Arten werden zum Räuchern der „Red King" und der „Silver" verwendet, während z.B. die Sorten „Pink", „Sockeye" und der „Keta" meist als Kochlachs gehandelt werden.

Lachs wird ganz oder vakuumverpackt angeboten. Lose verpackte ganze Seiten müssen von den Stützgräten befreit werden, ehe etwa 15 cm lange, dünne Scheiben flach abgeschnitten werden können. Die Gefahr des raschen Austrocknens ist groß.

Für den Plattenservice sind vorgeschnittene Scheiben auf Kunststoff-Tabletts in den Gewichtsmengen von 125 g bis 450 g vorteilhaft.

Als ungeräucherte Lachsspezialität ist der skandinavische „Graved Lachs" bekannt. Er wird nach alten Rezepten mit Salz, Zucker, Gewürzen und Kräutern gereift. Er kann als ganze Seite oder vakuumverpackt in Scheiben bezogen werden.

Geräucherter Lachs wird in dünnen Scheiben zu Toast oder kräftigem Roggenbrot angeboten. Er kann mit schwarzem oder weißem Pfeffer aus der Mühle gewürzt werden. Gut passen zu Lachs Dillsauce und Sahnemeerrettich. Kombinationen mit Ei, Kaviar, Spargel sind ebenfalls beliebt.

Die Forelle

Sie ist mit dem Lachs verwandt und war früher in Flüssen und Bächen heimisch. Durch die Wasserverschmutzung gehen die Bestände immer mehr zurück. Da sich die Forelle zur Zucht in Teichen eignet, ist sie heute verhältnismäßig preiswert und zu jeder Jahreszeit in ausgezeichneter Qualität zu haben.

Forellen werden teilweise lose, wie Bücklinge, angeboten. Günstiger sind jedoch vakuumverpackte, filetierte Forellen. Jede Packung enthält 2 Filets, die zusammen etwa 125 g wiegen. Nach dem Abziehen der Haut sind die Filets garnierfertig.

Die Platte auf Seite 131 zeigt eine Garniermöglichkeit in Verbindung mit Lachsscheiben und gefüllten Eihälften.

Geräucherte Forellen sind eine beliebte Vorspeise. Sie eignen sich gut für Canapés und gehören zu jedem anspruchsvollen Plattenservice.

Zu geräucherten Forellenfilets harmonieren Dill, Sahnemeerrettich und Zitrone.

Der Stör

Er bleibt wenigen Feinschmeckern vorbehalten, da jährlich nur noch etwa 90 t in den Handel gelangen.

Der Stör ist so kostbar wie der Kaviar, den der etwa 4 m lange und bis zu 1000 kg schwere Fisch liefert.

Der in etwa 2 mm dicke Scheiben geschnittene Stör wird mit schwarzem Pfeffer gewürzt und mit Roggenbrot verzehrt. Dazu paßt Champagner, aber auch ein Gläschen Wodka.

Da der Stör rar und teuer ist, sollen diese kurzen Hinweise nur der Vollständigkeit halber erfolgen.

Der Aal

Im Gegensatz zum Stör gilt Räucheraal von alters her als volkstümliche Fischdelikatesse. Die bis zu 2,5 kg schweren, schlangenförmigen Fische leben in Flüssen und allen Weltmeeren.

Fortsetzung Seite 132

Große Fischpfanne

Absichtlich wurde anstelle einer Platte eine Pfanne gewählt. Die Pfanne hebt sich wirkungsvoll ab. Ganz nach Wunsch kann mehr oder weniger Material ansprechend gelegt werden.

Ein Hinweis: Schon beim Einkauf sollte auf etwa gleiche Größe der Makrelen- und Forellenfilets geachtet werden. Das vereinfacht die spätere Legearbeit. Eine Fischpfanne, die jedes Büfett bereichert.

Gliederung

Die Aufteilung der Legefläche ergibt sich aus der Zahl der Fischarten. In diesem Falle bilden gewürzte, geräucherte Makrelenfilets, Heringsfilets und Räucherlachs drei Segmente, wobei die Salatblätter als Unterlage und optische Verbindung fungieren.

Legetechnik

1. Die Platte mit Salatblättern auslegen, um den Farbkontrast zu steigern.
2. Die halbierten oder gedrittelten Makrelenfilets dachziegelartig stecken.
3. Matjesfiletstücke mit den Spitzen nach außen reihenweise anlegen.
4. Lachsscheiben falten und fächerförmig legen.

Garnierung

Da die Salatblätter neben der Ware ausreichend dominieren, wurde auf eine Garnierung so gut wie verzichtet. Denkbar sind Zitronenscheiben, Zitronenviertel, Zwiebelringe, Petersilie und Gürkchen als dekorativer Abschluß.

Ovale Fischplatte

Die großflächige Anordnung schafft eine gute Übersicht und erleichtert das Abnehmen der gewünschten Stücke oder Fischscheiben. Da reine Fischplatten in dieser Größe weniger häufig bestellt werden, wurde diese Platte für das kalte Büfett gedacht.

Hier erfüllt sie im Ensemble ihren Zweck.

Gliederung

Materialbedingt wurde, trotz der ovalen Platte, eine diagonale Achse als Legeleitlinie gewählt. Die Eischeiben betonen die Linienführung und trennen die unterschiedlichen Materialien.

Legetechnik

1. Halbierte Forellenfilets, stufenförmig in einer Reihe gelegt.
2. Lachsscheiben, gefaltet und aneinandergesetzt.
3. Garnierung als Blickfang und kontrastreiche Trennung.

Garnierung

Eischeiben mit Krevetten und Sardellenpaste, Olivenscheiben und Blattpetersilie.

Da Forellenfilets sehr zart sind und beim Abnehmen leicht brechen, ist eine großflächige Anordnung, mit genügend Abstand, notwendig. Diese Anordnung läßt sich nur umgehen, wenn die Filets vor dem Legen geteilt werden.

Als Beigaben passen:

Sahnemeerrettich
Sahne-Dillsauce
Senfsauce

Fisch für das kalte Büfett (II)

Räucheraale werden in ganzen Stükken, unverpackt und vakuumverpackt angeboten. Es gibt auch vorverpackte halbe Aale und kleine Portionsstücke. Da Aal nicht gleich Aal ist, sollte auf die nähere Deklaration geachtet werden. Am schmackhaftesten sind die europäischen Aale der Ostsee und des Mittelmeers. Als Spitzenqualität gilt der Ostsee-Aal.

Der amerikanische Aal und pazifische Aal aus den Gewässern Neuseelands und Australiens werden ebenfalls geräuchert angeboten, fallen qualitativ aber ab. Das gilt auch für japanische Aale, die dort fast ausschließlich in Teichen gemästet werden.

Da sich die Aale verschiedener Provenienz gleichen, ist der Kauf von Räucheraal eine Vertrauenssache. Bei regelmäßigem Bedarf wird sich ein leistungsfähiges Fischgeschäft bemühen, die gewünschte Spitzenqualität zu beschaffen.

Die Lagerung von Räucherfisch

Alle geräucherten Fische sind nur begrenzt lagerfähig. Die günstige Lagertemperatur liegt unter +8 °C.

Vor dem Verzehr sollte der Fisch die Raumtemperatur annehmen. Er schmeckt dann am besten.

Da die Qualität mit zunehmender Lagerzeit leidet, ist der Kauf großer Mengen bei günstiger Preislage nicht empfehlenswert.

Um für alle Fälle gewappnet zu sein, ist es zweckmäßig, einige Konserven vorrätig zu halten. Sie sind gekühlt, je nach Art, mehrere Wochen bis Monate lagerfähig. Der Vorteil der Konserven: Neben reicher Auswahl werden auch kleinere Mengen angeboten, wie sie häufig für Canapés benötigt werden.

Fischkonserven sind außerdem auch für Geschenkkörbe gut geeignet.

Vom Wert der Fische

Es ist allgemein bekannt: Fische aus Flüssen, Seen und Meeren sind bekömmliche Nahrung und liefern wertvolle Eiweißstoffe (Proteine), Vitamine und Spurenelemente, die nur wenige andere Lebensmittel in gleicher Quantität und Qualität besitzen.

Das Eiweiß von Fischen ist ernährungsphysiologisch fast so hochwertig wie das eines Hühnereis, jedoch nur minimal vom Begleitstoff Cholesterin belastet. Das Fett von Fischen liefert einen wesentlichen Teil an mehrfach ungesättigten Fettsäuren, die der Körper braucht, da er sie nicht selbst bilden kann.

Der typische Eigengeschmack aller Wildwasser- und Meeresfische ist „naturbelassen"; er kann nicht durch artfremde Futtermittel beeinflußt werden.

Der Wert eines Fisches hängt mit seiner Frische zusammen. Achten Sie deshalb beim Einkauf auf die Frische.

Geräucherte Forellenfilets

Die Platte wurde für 12 Personen gelegt. Als Vorspeisenplatte innerhalb eines kalten Büfetts könnte sie für 24 Personen reichen, wenn die Forellenfilets nochmals geteilt werden. Da die Filets sehr zart sind, muß für genügend Abstand gesorgt werden, um das Entnehmen zu erleichtern. Übereinandergelegt wäre die Wirkung weniger ansprechend. Hier zeigt sich, daß ein erkennbares Ordnungsprinzip für einen harmonischen Eindruck wesentlich ist. Die Dekoration wird sparsam eingesetzt, da die Platte leicht übergarniert werden kann.

Gliederung

Die rechteckige Platte erlaubt eine schräge oder sternförmige Anordnung. Durch die Länge der Filets erscheint diese Anordnung am wirkungsvollsten. Die Abstände sind als gestalterisches Moment zu sehen, weil der Kontrast von Filet zu Filet gering ist.

Nur die Lachsscheiben in der Mitte bringen etwas mehr Farbe. Da sie vom Stück geschnitten werden, sind sie nicht ganz gleichmäßig und müssen einfach flach gelegt werden.

Legetechnik

1. Forellenfilets, flach gelegt.
2. Lachsscheiben, flach übereinandergelegt oder gefaltet. Sie könnten auch rosettenartig aneinandergelegt sein.

Garnierung

Sie muß geschmacklich auf die Forellenfilets abgestimmt sein, wobei Zitrone und Sahnemeerrettich ideal passen. Möglich wäre auch eine Dillsauce bzw. Dillcreme zum Lachs.

Die halbierten Zwiebelringe bilden eine lockere S-Girlande und betonen durch das Weiß die Lachsfarbe. Das Grün der Gurken und das Rot der Tomaten werden vorsichtig eingesetzt. Da die Filets wenig Farbe mitbringen, müssen Dekoration und Farben stimmen.

Fischplatte mit Forellenfilets, Lachs und Eiern

Fisch als Soloplatte wird selten verlangt. Die Platte hier ist als Vorspeise innerhalb eines kalten Büfetts gelegt. Da aller Erfahrung nach nicht alle Gäste Fisch nehmen, dürfte diese Platte mit 26 Forellenfilets für ein 40-Personen-Büfett ausreichen.

Gliederung

Die Platte ist von einer klaren Symmetrie geprägt. Sie orientiert sich an einer Mittellinie. Da Forellenfilets sehr zart sind und nicht gleichmäßig ausfallen, muß die Eigenart der Stücke beim Legen berücksichtigt werden. Vorteilhaft ist es, einzeln verpackte Forellenfilets zu kaufen.

Die Forellenfilets dürfen nicht zu stark übereinandergelegt werden. Eine großzügige Anordnung ist vorteilhafter, um ein leichtes Abnehmen der Stücke zu gewährleisten.

Um Gleichförmigkeit zu vermeiden, werden die Filets leicht schräg gelegt, den Mittelteil schließen gefaltete Lachsscheiben ab.

An dieser Platte muß sehr vorsichtig gearbeitet werden, da die Forellenfilets leicht brechen und die Lachsscheiben einreißen können.

Zu Fisch passen Silber- oder Glasplatten am besten. „Fisch vom Brett" wäre zwar möglich, dürfte aber die Ausnahme bleiben.

Garnierung

Die Wirkung dieser Platte ist ganz auf den natürlichen Farbkontrast der Ware abgestimmt.

Für eine gewisse Trennung sorgen die Spargelspitzen und Olivenscheiben. Den dominierenden optischen Akzent bilden die garnierten Eihälften.

Die weitere Garnierung besteht aus Radieschenscheiben, Oliven und etwas Petersilie. Sie könnte aber auch aus Scampi und Kaviar bestehen. Eine dekorative Eigenwilligkeit sind die gefächerten Pfeffergurken. Sie sind als geschmackliche Ergänzung für die Eier zu verstehen.

Hier ist an die Gäste gedacht, die anstelle von Fisch eine Eihälfte als Vorspeise vorziehen.

Partysuppen als Ergänzung zum kalten Büfett

Zigeunersuppe

Material für etwa 1 Liter servierfertige Suppe

300 g	Rindfleisch
2	Zwiebeln
50 g	Schweineschmalz
2	Eßlöffel Tomatenmark
2	Eßlöffel Paprikamark
8 g	Paprika, edelsüß, oder Gulaschgewürz
1 g	Petersilie, getrocknet
1 g	Schnittlauch, getrocknet
2	Eßlöffel Mehl
1	kleine Dose Champignons
	Worcestersauce nach Geschmack
1,2 l	Fleischbrühe

Herstellung

1. Rindfleisch in 2 x 2 cm große Würfel schneiden.
2. Zwiebeln schälen, in Scheiben schneiden.
3. Rindfleisch und Zwiebeln in Schweineschmalz kräftig anbraten.
4. Brühe aufgießen, Champignons, Gewürze, Tomaten- und Paprikamark hinzufügen.
5. Mehl in kaltem Wasser anrühren und zugeben.
6. Suppe kochen, bis das Fleisch gar ist, mit den Gewürzen abschmecken.
7. Suppe mit einigen Spritzern Worcestersauce herzhaft abschmecken.

Champignoncremesuppe

Material für etwa 1 Liter servierfertige Suppe

300 g	Champignons mit Aufgußflüssigkeit
50 g	Butter
50 g	Zwiebeln, gehackt
50 g	Mehl
125 g	Sauerrahm oder Kaffeesahne
0,8 l	Fleischbrühe
	Petersilie, Pfeffer, Muskatnuß, Ingwer

Herstellung

1. Zwiebeln in Butter anbraten, bis sie glasig sind.
2. Fleischbrühe aufgießen, Champignons mit etwa 0,2 l Aufgußflüssigkeit dazugeben. Der Champignongeschmack tritt dadurch deutlich hervor.
3. Sauren Rahm oder Kaffeesahne mit dem Mehl verquirlen und in die Suppe einrühren, eventuell Dickungsmittel für helle Saucen verwenden.
4. Suppe abschmecken.

Gemüsegulaschsuppe

Material für etwa 1 Liter servierfertige Suppe

250 g	Schweinefleisch, in Würfeln
250 g	Zwiebeln
150 g	Kartoffeln
2	Karotten
1	grüne Paprikaschote
2	rote oder gelbe Paprikaschoten
4	geschälte Tomaten aus der Dose
50 g	Schmalz
8–10 g	Paprika, edelsüß
1 g	Pfeffer, weiß
1 g	Petersilie, getrocknet
2	Eßlöffel Tomatenmark
1	Eßlöffel Paprikamark
2	Eßlöffel Kaffeesahne
1,2 l	Fleischbrühe

Herstellung

1. Zwiebeln, Kartoffeln, Karotten und Paprikaschoten putzen, abbrausen und in Scheiben bzw. Streifen schneiden.
2. Gemüse im Schmalz anbraten.
3. Fleischbrühe aufgießen.
4. Fleisch, Kartoffeln und die geschälten Tomaten in die Suppe geben.
5. Suppe kochen lassen, bis das Fleisch gar ist.
6. Suppe mit Tomaten- und Paprikamark, den Gewürzen und Kaffeesahne abschmecken.

Die Gewürze sollen am Schluß zugegeben werden, weil vor allem der Paprika im heißen Fett leicht anbrennt und der Suppe einen bitteren Geschmack geben könnte.

Diese Gulaschsuppe basiert auf Zutaten einer alten ungarischen Zubereitungsart für Kesselgulasch. Nach diesem Rezept soll das Fleisch nicht angebraten, sondern nur in der Suppe gegart werden.

Die vorgeschlagenen Suppen wurden so gewählt, daß sie ohne Geschmacksverlust erwärmt werden können. Sie sollen zu allen Anlässen, verschiedenen Beilagen und Getränken passen. Das ist der Fall.

Kartoffelsuppe mit Kräutern

Material

0,9 l	Kartoffelsuppe, legiert
0,1 l	Rahm
	frische oder getrocknete Kräuter

Zubereitung

Die Kartoffelsuppe auf einer kräftigen Fleischbrühe aufbauen, mit Rahm und Kräutern verfeinern.

Kartoffelsuppe mit Karotten

Material

0,9 l	Kartoffelsuppe, legiert
100 g	Karotten, püriert oder gerieben

Zubereitung

Die Kartoffelsuppe wie üblich kochen, pürierte Karotten dazugeben oder rohe, geriebene Karotten mitkochen.

Auf Wunsch mit Kräutern verfeinern.

Mexikanische Bohnensuppe

Material

400 g	rote Bohnen
600 g	Gulaschsuppe

Zubereitung

Gulaschsuppe kräftig würzen und mit Knoblauch abschmecken. Bohnen aus der Dose dazugeben.

Tomatensuppe, legiert

Material für etwa 1 Liter servierfertige Suppe

150 g	Tomatenmark
50 g	Paprikamark
50 g	Zwiebeln
50 g	Mehl
50 g	Schweineschmalz
50 g	Kaffeesahne
1,2 l	Fleischbrühe
	Petersilie, Schnittlauch, Thymian, Oregano, Pfeffer

Herstellung

1. Feingehackte Zwiebeln in heißem Schweineschmalz anbraten.
2. Brühe aufgießen, Tomaten- und Paprikamark sowie Kaffeesahne dazugeben.
3. Suppe dicken und abschmecken. Die Suppe kann mit einem Klecks geschlagener süßer Sahne oder mit Reiseinlage serviert werden.

Farmersuppe

Material für etwa 1 Liter servierfertige Suppe

150 g	grobe Graupen
50 g	geräuchter Bauch
50 g	Zwiebeln
100 g	Kartoffeln
50 g	Lauch
30 g	Karotten
20 g	Sellerie
10 g	Petersilie
50 g	Schweineschmalz
1,2 l	Fleischbrühe
	Pfeffer, Muskatnuß, Petersilie, Schnittlauch

Herstellung

1. Alle Zutaten in kleine Würfel schneiden.
2. Zwiebeln und Lauch im Schweineschmalz anbraten.
3. Brühe aufgießen, alle Zutaten außer dem Schweinebauch dazugeben und mitkochen, bis die Graupen gar sind.

4. Schweinebauchwürfel in die fertige Suppe geben, Suppe abschmecken.

Hinweis

In dieser Art läßt sich auch eine Brotsuppe kochen, wobei anstelle der Graupen geröstete Semmelbrösel oder Brotwürfel verwendet werden.

Es ist interessant zu beobachten, daß gerade diese „altväterlichen" Suppen ausgezeichnet ankommen.

Dalmatinische Bohnensuppe

Material für etwa 1 Liter servierfertige Suppe

350 g	weiße Bohnen
100 g	durchwachsener Räucherspeck
2	Zwiebeln
4	geschälte Tomaten aus der Dose
2	Eßlöffel Tomatenmark
2	Eßlöffel Paprikamark
1 g	Majoran
1 g	Thymian
5 g	Paprika, edelsüß
1	Prise Bohnenkraut
2	Eßlöffel Kaffeesahne
1,2 l	Fleischbrühe

Herstellung

1. Bohnen über Nacht quellen lassen.
2. Gequollene Bohnen mit 1,2 l Fleischbrühe aufgießen. (Soll es rasch gehen, können auch weiße Bohnen aus der Dose genommen werden.)

3. Zwiebeln und Speck in Würfel schneiden, zusammen anbraten, bis die Zwiebeln glasig werden.
4. Geschälte Tomaten dazugeben und vermengen.
5. Die angebratenen Zutaten zu den Bohnen geben.

Die Suppe mit den Gewürzen abschmecken und mit der Kaffeesahne verfeinern.

Wenn gequollene Bohnen verwendet wurden, dann muß die Suppe kochen, bis die Bohnen gar sind.

Anstelle von Kaffeesahne kann die Suppe mit süßem Rahm oder saurer Sahne abgeschmeckt werden. Es können auch Kartoffeln dazugenommen werden, wenn die Suppe Eintopfcharakter erhalten soll.

Häufig werden zu dieser Suppe herzhafte Würstchen wie Jägerli, Bauernbratwurst oder Kräuterbockwurst gereicht. Der Spielraum ist hier groß.

Sehr praktisch ist es, die Suppe in Sterildärme zu füllen und abgeklippt bzw. abgebunden portioniert für jeweils 4 Personen zu liefern. Der Gastgeber ist dadurch beweglich und kann die nicht benötigten Suppenportionen bequem längere Zeit gekühlt lagern.

Desserts

Im Platten- und Party-Service wird als selbstverständlich vorausgesetzt, daß vom Fleischerfachgeschäft ein Nachtisch mitgeliefert wird. Neben roter Grütze und fruchtigen Salaten wird als Dessert Mousse geschätzt. Ein Klassiker ist „Mousse au chocolat", die sich seit etwa 200 Jahren größter Beliebtheit in Feinschmeckerkreisen erfreut. Die in Frankreich erfundene schaumige Schokoladensüßspeise bildet den krönenden Abschluß gastronomischer Raffinesse.

Das Urrezept sieht dunkle, herbe Überzugsmasse vor, die in Alkohol oder einem Espresso und heißem Wasser aufgelöst wird. Hinzu kommen neben Zucker geschlagenes Eigelb, gekühlte süße Sahne und Eischnee. Fest steht: Das Herstellen einer „Mousse au chocolat" oder einer „weißen Mousse" fällt in den Bereich der Küchenkünste. Die Entwicklung im Conveniencebereich macht die schwierige Kunst zu einem einfachen Herstellungsgang. Damit kann von jedem Fleischerfachgeschäft ein vorzügliches Dessert ohne küchenmäßige Kunstfertigkeit und ohne einen größeren Aufwand angefertigt werden.

Dessert-Cremepulver enthalten alle Zutaten wie Schokoladenpulver, verschiedene Zuckerarten, Emulgier- und Verdickungsmittel, Geschmacksstoffe und Aromen in sorgfältig ausgewählter Menge.

Für die Herstellung sind ein Aufschlaggefäß oder eine hohe Rührschüssel und eine Küchenmaschine, das Dessertpulver, Milch und Sahne notwendig.

Das Dessertpulver ist in wenigen Minuten glattgerührt und aufgeschlagen. Nach kurzer Kühllagerung ist das Dessert verkaufsfertig.

Verkaufstip

Mousse au chocolat und Mousse Vanille können als Dessert in handelsüblichen Kunststoffbechern aus der Theke heraus verkauft werden.

Mousse au chocolat

Material

0,5 l kalte Milch
0,5 l süße Sahne
Das Verhältnis Milch zu Sahne kann geändert werden.
330 g Mousse au chocolat Dessertpulver, gebrauchsfertig

Hinweis

Die hier angegebenen Mengen sind beispielhaft. Die Zugabemengen und die Herstellung richten sich nach den Angaben der Hersteller.

Die Abbildung zeigt einen Garniervorschlag mit Gebäck, Früchten und Fruchtsaucen.

Mousse Vanille

Material

0,5 l kalte Milch
0,5 l süße Sahne
Das Verhältnis Milch zu Sahne kann geändert werden.
250 g Mousse Vanille, Dessertpulver, gebrauchsfertig

Hinweis

Die hier angegebene Materialmenge reicht erfahrungsgemäß für etwa 30 Portionen aus. Mousse Vanille kann für kalte Büfetts in einer Schüssel zur Selbstbedienung oder portioniert und ausgarniert angeboten werden.
Süße Sahne mit einem Fettgehalt von 30 % ergibt Mousse mit bestem, zartem Schmelz.

Tiramisu

Tiramisu ist ein verführerisches italienisches Dessert, das über die Grenzen Italiens hinaus zu den beliebtesten süßen Nachspeisen zählt. Wörtlich übersetzt heißt „tirami su": Zieh mich hoch. Es ist eine Anspielung auf die starke alkoholische Wirkung, die in die Beine fährt.

Größere Portionen können das Standvermögen erheblich beeinträchtigen. So wird die Bitte „tirami su" durchaus verständlich.

Da Tiramisu ausgezeichnet schmeckt, wird es als Dessert für Büfetts und zum Verkauf aus der Theke geschätzt. Neu ist die Idee, Tiramisu mit Mousse Vanille herzustellen. Dadurch entfällt das umständliche Zubereiten einer Creme aus Eigelb, Zucker und Eiweißschnee.

Mit Mousse Vanille als Grundlage wird der Arbeitsaufwand auf ein Minimum reduziert.

Eine höhere Zugabemenge von Mousse Vanille-Dessert-Cremepulver wird empfohlen, falls eine festere Konsistenz gewünscht wird.

Die geschmacklichen Akzente setzen bei Tiramisu Vanille, Mascarpone, Kaffee, Amaretto-Likör und bitteres Kakaopulver.

Zur geschmacklichen Abwechslung können auch weißer Wermut, ein Marsala oder auch ein Mandellikör beitragen.

Herstellung

1. Mousse-Vanille-Grundmasse und Mascarpone-Frischkäse mit einem Rührgerät vermengen, bis die Masse glatt ist.

2. Kaffee und Amaretto-Likör in eine Schüssel gießen.

3. Die Löffelbiskuits eintauchen und in die vorgesehene Form eine erste Schicht legen.

4. Löffelbiskuits mit der Tiramisu-Creme, etwa 2 cm hoch, abdecken und glattstreichen. Die nächste Schicht Löffelbiskuits auflegen und so schichtweise verfahren, bis die gewünschte Höhe erreicht ist. Schale mit einer Schicht Tiramisu-Creme schließen.

5. Tiramisu 2 bis 3 Stunden zum Durchziehen kalt stellen und vor dem Servieren dick mit Kakaopulver bestäuben. Das gelingt gleichmäßig mit einem kleinen Sieb.

Serviervorschlag für ein Büfett auf Seite 140.

Das Garnieren von Frischfleisch (I)

Der Frischfleischverkauf erhielt in den letzten Jahren wesentliche Impulse.

Es waren:

1. Eine neuzeitliche Schnittführung.
2. Abwechslungsreiche Fleischwürzungen.
3. Die bratfertige Zubereitung von Spezialitäten.

Wir müssen davon ausgehen, daß Kunden heute bratfertig zugeschnittene, weitgehend vorbereitete Stücke bevorzugen. Zu den vorbereiteten Stücken gehören gefüllte Braten, gewürzte Steaks, marinierte Fleischstücke, auch Gulasch und Hackfleischzubereitungen.

Der Kunde möchte dabei aus einem breiten Angebot wählen, wobei der Kaufentschluß weitgehend vom Auge beeinflußt wird.

Obwohl sich Fleisch nur verhältnismäßig kurze Zeit ohne Farb- und Saftverlust präsentieren läßt, lohnt es, mit garnierten Fleischplatten die Leistungsfähigkeit des eigenen Geschäfts hervorzuheben und die Kauflust der Kunden zu fördern.

Die garnierten Fleischplatten sollen dabei keinem Selbstzweck dienen, sondern verkaufen helfen.

Damit ist auch schon die Aufgabenstellung für garnierte Fleischplatten umrissen.

In diesem Zusammenhang soll auf die Möglichkeit hingewiesen werden, Platten mit rohem Fleisch in den Plattenservice einzubeziehen. Gefragt sind vor allem Fondue- und Grillplatten.

Bei Fondueplatten können durch verschiedene, mundgerecht geschnittene Fleischstücke farblich interessante Kontraste erreicht werden. Gleichzeitig läßt sich beweisen, daß in heißem Fett neben Filetstückchen noch andere schmackhafte Fleischarten gegart werden können.

Die Beratung

Bei Grillplatten möchte sich der Gastgeber gern die Zubereitung bzw. Würzung ersparen. Er greift den gebotenen Service ohne weiteres auf. Außerdem ist es möglich, durch eine Kombination preiswerter Stücke eine „Grillparty" üppig und trotzdem nicht teuer zu gestalten.

Ohne fachliche Beratung bleibt der Kunde unsicher und kauft vielfach „vom teuersten und besten Stück", um vor Freunden bzw. Bekannten als perfekter „Grillmaster" dazustehen. Die Kunden freuen sich, sind sehr zufrieden, wenn sie merken, daß auch preiswertere Stücke gegrillt ausgezeichnet schmecken.

Unabhängig von der Plattenart sollte jede Fleischgarnierung folgende Ziele verfolgen:

1. Die Fleischstücke sollen bratgerecht zugeschnitten und weitgehend vorbereitet sein. Wenn möglich, sollte eine Verbindung zum fertigen Gericht geschaffen werden.
2. Das Fleischangebot sollte die Vielfalt der Zubereitungsmöglichkeiten demonstrieren, d. h. dem Kunden deutlich vor Augen führen, welche Stücke für eine bestimmte Zubereitungsart geeignet sind.
3. Die Fleischplatten sollen ein Blickfang sein und eine gewisse Vorfreude auf den bevorstehenden Genuß wecken.

   Das gilt für alle Platten, ganz gleich, ob sie für die Theke, das Schaufenster oder als Lieferung an den Kunden gedacht sind.

   Bei Fondueabenden oder Grillveranstaltungen werden optisch ansprechend gestaltete Fleischplatten besonders beachtet. Sie fördern das Ansehen des Gastgebers und des Lieferanten.
4. Zum Garnieren eignen sich alle Fleischstücke. Wenig geeignet sind allerdings zu große Stücke. Fleischberge schaden nur. Wer legt sich schon 5 Pfund Fleisch auf den Teller? Zweckmäßiger ist es, die Verbindung zu fertigen Braten in normaler Portionsgröße herzustellen. Das gelingt am besten mit kleineren, bratgerecht zugeschnittenen Stücken, so wie sie im Haushalt gegrillt, gebraten, geschmort oder gekocht werden.

Die Information

Bieten Sie anstelle einer Oberschale besser eine Platte mit bratfertigen Rouladen an. Ähnlich ist es mit Koteletts. Gruppieren Sie die einzelnen Koteletts auf einer Platte. Das ist wirkungsvoller als ein Kotelettstrang. Dabei hat die Kundin die Chance, das für ihr Auge am besten aussehende Kotelett zu wählen.

Wichtig ist auch, daß vom Kunden erkannt werden kann, wofür das Stück geeignet ist. Ein Grillbraten soll als solcher erkennbar sein, während Beinscheiben auf eine gekochte Zubereitung hinweisen sollten. Das gilt auch für fertiggewürzte Steaks, weil sie beim Kunden eine essensnahe Vorstellung auslösen. Der Wunsch, die eine oder andere Zubereitungsart auszuprobieren, wird im Kunden wach.

Fortsetzung Seite 144

Grilladen in der Aluschale

Vielleicht ist es jener Hauch von Naturverbundenheit, Lagerfeuerromantik oder der heimliche Wunsch nach einer ungebundenen, einfachen Lebensweise, der Grillen so populär werden ließ.

Gleichzeitig spiegelt „Die Grillwelle" einen Teil unserer veränderten Eßgewohnheiten wider, die in Richtung rustikal, bequem, erlebnisreich und gesellig zielen.

Wer gern grillt, schätzt Serviceleistungen, die ihm aufwendige Vorarbeiten ersparen und die sein Grillvergnügen steigern.

Abwechslungsreiche Angebote in der Bratschale bieten dem Kunden sichtbare Vorteile.

1. Alle Stücke liegen bratfertig mariniert und fachkundig gewürzt vor.
2. Auf der Bratschale präsentieren sich Grilladen, die klein und groß schmecken. Es ist ein familienfreundliches Angebot.
3. Der Gesamtpreis für die Bratschale erscheint – aufgrund der Mischkalkulation – optisch günstig.
4. Die Bratschale erlaubt ein problemloses Braten der Fleischstücke und Bratwürstchen. Für gesundheitsbewußte Kunden zählt, daß Rauch und Flammen keinen direkten Kontakt zum Grillgut haben.

In dieser Aluschale werden Stücke gezeigt, die sich an den heutigen Verbraucherwünschen orientieren. Sie wurden so gelegt, daß ein günstiger Durchschnittspreis erreicht werden kann. Sonderwünsche lassen sich berücksichtigen.

Aluschalen mit Grilladen lassen sich für Grillpartys und genauso erfolgreich für kleinere Anlässe einsetzen.

Produktideen für Alu-Grillschalen

1. Marinierte Schweinenacken-Steaks.
2. Würzige Bauchscheiben (Farmer-Bauchscheiben).
3. Huftsteaks im Kräutermantel.
4. Marinierte und pikant gewürzte Schweinefleischspieße.
5. Rostbratwürste, fein oder mittelfein gekuttert.
6. Bratwurstspezialitäten, wie Pfälzer, Thüringer Rostbratwurst oder eine knoblauchbetonte Merques – ganz nach Wunsch des Kunden.

Ein werblicher Hinweis auf diese Dienstleistung belebt die Nachfrage.

Das Garnieren von Frischfleisch (II)

Das garnierte Portionsstück wirkt in jedem Falle umsatzfördernd, wobei sich der Erfolg steigern läßt.

Bratfertig vorgewürzte Fleischstücke

Lassen Sie in Ihrer Angebotstheke Raum für das besondere Angebot der Woche.

Für das „besondere Angebot" eignen sich:

1. **Würzbraten,** gefüllt mit Würzfarce, bestehend aus:

500 g	gehackten Zwiebeln
500 g	Senf
10 – 15 g	Fleischwürze

2. **Gefüllte Schweinenackenscheiben**
   Etwa 3 cm dicke Nackenscheiben wie zu einem Schmetterlingssteak einschneiden und mit Würzfarce füllen. Mit Holzspieß zusammenheften.
3. **Schweinekammröllchen**
   Vom Schweinekamm etwas größere Stücke schräg schneiden, auf der Innenseite mit Würzfarce bestreichen, rollen und mit einem Holzspieß heften.
4. **Gewürzte Schweinebauchspieße**
   Etwa 1,5 cm dicke Bauchscheiben zu einem „S" legen, spießen und mit Paprika sowie Gurken garnieren, abwechslungsreich würzen. Die Schweinebauchscheiben können auch ringförmig gelegt und abwechslungsreich gewürzt werden.
5. **Gewürzte Grillstücke von der Hohen Rippe**
   Vom dicken Teil der Hohen Rippe 1,5 bis 2 cm dicke Scheiben schneiden, einseitig würzen. Diese kräuterwürzigen Hochrippstücke eignen sich hervorragend zum Grillen oder Braten.
6. **Gewürzter Schweinenacken**
   zum Grillen und Braten.
   Schweinenacken 2- bis 3mal der Länge nach einschneiden, mit Würzfarce füllen. Braten mit der Hand knüpfen.
   Vom Würzbraten etwa 2,5 cm dicke Tranchen zwischen den Fäden schneiden. Zur optischen Belebung werden die Stücke gespießt und mit Paprika, Champignons, Perlzwiebeln, Gurken oder einem anderen eingelegten Gemüse garniert.

Präsentation in der Theke und verkaufsfördernde Wirkung

Moderne Fleischtheken und gekühlte Schaufenster bieten für Fleischgarnierungen erheblich mehr Möglichkeiten als früher.

Einige Grundsätze sollten dabei allerdings beachtet werden, um den dekorativen Effekt nicht zu schmälern.

1. Ordnung ist bei großer Vielfalt der wichtigste Faktor, um das Angebot appetitlich wirken zu lassen. Für den Kunden ist Ordnung gleichbedeutend mit Sauberkeit und ein wichtiger Faktor, der zum Vertrauen der Kunden führt.
2. Es ist sinnvoll, die Stücke getrennt nach ihrer Verwendungsart auszulegen, wobei die Platten nicht überladen werden dürfen. Beispiele: Platten mit Grillbraten, Koteletts, Suppenfleisch.
3. Die garnierten Platten sollen bequem in die Theke passen und dem Kunden einen guten Überblick erlauben.
4. Zu eng gestellte Platten wirken eingezwängt und kleinlich. Die Gefahr ist groß, daß dadurch der Gesamteindruck ungeordnet wirkt. Steht nur wenig Ausstellungsfläche in der Theke oder im Schaufenster zur Verfügung, dann sollten lieber kleine Platten mit weniger Fleisch gezeigt werden. Es kommt nicht auf die Menge, sondern auf die Wirkung an.
5. Ein punktuelles Angebot wirkt oft mehr als eine mengenmäßig imposante Warenhäufung. Einige wenige Stücke können sehr einprägsam werben, wenn sie gut angeordnet sind.
6. Die beste Unterlage für Fleisch bieten helle Platten. Sie sind meist aus Kunststoff, können aber auch aus Holz sein, wobei die Oberflächen lebensmittelrechtlich unbedenkliche Überzüge haben müssen. Stahl- bzw. Metallplatten sind praktisch, wirken aber kühler und sprechen die Kunden nicht so an.
7. Die Platten dürfen nicht leer wirken, so, als würde „der letzte Rest vom Schützenfest" angeboten. Es gilt, die Platten bis zum Rand auszulegen. Das ist besonders bei Kurzbratenstücken und Fleischspezialitäten wichtig. Der eigentliche Plattenrand bleibt stets frei. Bei Metallplatten ist der Rand nachzupolieren. Fingerabdrücke interessieren den Kriminalisten, bei Kunden lösen sie nur negative Gedankenverbindungen aus. Auch die Kunststoffplatten müssen makellos sein.
8. Die Ware darf nicht über die Platte hinausragen oder über den Rand hängen. Das sieht unordentlich aus und stört den Gesamteindruck. Fleischsaft als Rinnsal oder Pfütze ist sofort zu entfernen. Er wirkt auf den Kunden negativ, besonders in angetrocknetem Zustand. Platten mit stark saftendem Fleisch sind häufig zu wechseln.
9. Vermeiden Sie ein stapelartiges Aufeinanderliegen des Fleisches. Das Fleisch verliert sehr viel Saft. Es kann zu Farbveränderungen kommen, die vom Kunden als Qualitätsminderung gewertet werden. Legen Sie in diesen Fällen lieber weniger Fleisch aus. Weniger ist dann mehr.
10. Wenn es aus Platzgründen nicht möglich ist, jeden Artikel auf eine separate Platte zu legen, dann müssen die verschiedenen Fleischstücke auf einer Platte präsentiert werden. Das kann sogar sehr reizvoll sein, wenn Sie hellere und dunklere Fleisch-

Fortsetzung Seite 146

Fondueplatten

Die Platten wollen deutlich machen, wie viele verschiedene Fleischstücke fonduegeeignet sind. Rind-, Schweinefleisch, Bauchröllchen und gewürzte Hackfleischbällchen lassen sich spießen und im heißen Fett rasch garen. Kinder schätzen kleine Bratwürstchen, weil sie rasch bräunen und zart im Biß sind.

Gliederung

Die Gliederung hängt von der Form der Bretter bzw. der Platten ab. Auf dem großen Fonduebrett erfolgt die Anordnung der Fleischstücke sternförmig. Die eigentliche Linienführung übernehmen die Schweinebauchröllchen, die reihenweise als Abgrenzung gegenüber den mundgerecht geschnittenen Fleischhappen gelegt werden. Die Fleischwürfel können auch ganz exakt nebeneinandergelegt werden. Bei dieser rustikalen Aufmachung scheint eine lockere Anordnung stilgerechter.

Möglichkeiten, nur die Eigenart des Fleisches wirken zu lassen, zeigen die kleiner abgebildeten Platten.

Garnierung

Die dekorativen Elemente liefern gewürzte Hackfleischbällchen, Ćevapčići, Bratwürstchen und die Mixed Pickles, die als Blickfang in die Mitte gelegt werden. Bei der runden Platte, die vom natürlichen Kontrast der Ware lebt, sorgen die Champignons für die Linienführung und Garnierung zugleich.

Das Garnieren von Frischfleisch (III)

stücke kontrastieren lassen. Achten Sie allerdings dabei auf eine klare Trennung der Fleischstücke. Es kommt sonst schnell zu einem Durcheinander.

11. Die besten Voraussetzungen für gute Übersicht und klare Gliederung in der Theke bieten Platten gleicher Größe. Wenn nötig, können in der oberen Kühlstufe größere Platten quer gestellt werden. Der Gesamteindruck muß aber harmonisch bleiben.

12. Um Eintönigkeit in der Theke zu vermeiden, soll der farbige Kontrast der Ware als gestalterisches Element genutzt werden. Das Auge des Kunden wandert zunächst am Sortiment entlang. Es bleibt an Fleischplatten haften, wenn es auf Neuheiten, eine interessante Aufmachung oder auf ein bekanntes Fleischstück stößt. Je größer die Abwechslung bei dieser „Augenwanderung" ist, um so interessanter ist die Auslage für den Kunden. Sein Interesse wird schließlich durch optische Reize zum Kaufwunsch gesteigert.

13. Bei einzelnen Platten, z. B. als Blickfang, kann die Wirkung der Platte durch einen farbigen Untergrund erhöht werden. Gut geeignet sind Stoffbahnen mit grünen bis blaugrünen, nicht zu hellen Farbtönen. Grün schafft zum Rot des Fleisches den stärksten Kontrast.

14. Es ist selbstverständlich, daß Preisschildchen nicht auf dem Fleisch stehen dürfen. Weniger selbstverständlich ist es dagegen, die sorgfältig ausgelegten Fleischstücke dem Kunden auf den Preisschildern zu erläutern. Wenn die Forderung des Verkaufens „informieren" heißt, dann sollte dieser Punkt mehr beachtet werden. Lassen Sie deshalb genügend Raum für ergänzende Hinweise, die etwas über die Zubereitung, die Art des Fleisches oder auch über passende Beilagen aussagen.

Dazu einige Beispiele:

Schreiben Sie nicht einfach „Spickbraten". Erweitern Sie die Aussage auf „Spickbraten, ideal für einen mürben Sauerbraten", oder „Beinscheiben, als Meerrettichfleisch oder für eine gehaltvolle Bouillon".

Diese Hinweise sollen nur andeuten, wie garnierte Fleischplatten als Bestandteil des gesamten Angebots gesehen werden sollten.

Frischfleisch-Garnierung

Das Garniermaterial für Frischfleisch bringt so seine Probleme. Wenn die Dekoration dem Kunden gefällt, dann muß der Wirtschaftskontrolldienst damit noch nicht zufrieden sein.

Möglicherweise werden Paprikaschoten oder Petersilie vom WKD beanstandet, weil Gemüse und Fleisch zusammenkommen.

Es ist deshalb im Hinblick auf die Hygieneverordnungen der Länder ratsam, die Möglichkeiten örtlich zu prüfen und gegebenenfalls mit dem zuständigen Aufsichtsbeamten abzustimmen.

Dabei sollte versucht werden, praxisfremde Standpunkte, die niemandem nutzen, zu verändern.

Hierzu als Paradebeispiel die Petersilie: In einigen Gegenden wird frische Petersilie als Garnierung beanstandet, obwohl sie zu den klassischen Garniermitteln gehört. Erlaubt werden dagegen Kunststoffattrappen. Sehen wir uns deshalb die Praxis näher an. Die Kunstpetersilie wird mehrmals verwendet und ist schwer zu reinigen. Frische Petersilie kann dagegen nur kurzfristig als Dekorationsmittel dienen, da sie verwelkt und unansehnlich wird. Ihr Wiedereinsatz verbietet sich dadurch von selbst. Die Gefahr einer Kontamination mit unerwünschten Bakterien scheint deshalb bei Plastikpetersilie größer zu sein als bei frischer, gewaschener Petersilie.

Um einen Ausweg aus dem angedeuteten Dilemma zu finden, gibt es oftmals nur die Möglichkeit, geschälte, gebrühte, gekochte bzw. sterilisierte Gemüsearten als Dekoration zu verwenden.

Als belebende Farbtupfen bietet sich das Gelb der Ananas oder einer geschälten Zitronenscheibe in Zusammenhang mit einem Wiener Schnitzel an. Für ein Jägerschnitzel würden Champignons, Gürkchen und Perlzwiebeln passen, während ein Pußtaschnitzel nach dem lebhaften Rot und Grün der Paprikaschote verlangt. Zu einem Zwiebel- oder Rostbraten können Zwiebeln gelegt werden.

Fortsetzung Seite 148

Speziell für den Grill

1. Lammspieße aus gerollten Fleischscheiben
2. Lammkoteletts
3. Nackenscheiben
4. Bauchstücke
5. Gefüllter Schweinenacken

Alle Stücke würzmariniert und grill- bzw. bratfertig gewürzt.

Für Pfanne und Ofen

1. Knabberspieße, gespießte Schweinefleischstücke
2. Schweinegeschnetzeltes mit Bohnen
3. Würzmarinierter Schweinenacken
4. Gefüllter Schweinebraten, würzmariniert

Gemischtes Grillangebot

1. Bratwürste
2. Schweinebauchschnitten
3. Schweinenacken
4. Filetsteaks im Räucherspeckmantel
5. Zubereitetes Hackfleisch
6. Fleischspieße

Das Garnieren von Frischfleisch (IV)

Im Hinblick auf die reiche Palette von Sülzwürsten und Fleischeinlagen in Aspik erscheint es sinnvoll, Aspik für Erzeugnisse einzusetzen, die vom Kunden gern verzehrt werden.

Wenn die Möglichkeiten bei der Fleischgarnierung auch eingeschränkt sind, so sollte dieser Bereich gepflegt werden.

Eine ansprechende Warenpräsentation, auch im Frischfleischbereich, gehört nun mal zum A und O des erfolgreichen Verkaufens.

Als Garnierung zu Rouladen bieten sich Räucherspeck, Gurken, Zwiebeln, Senf und Gewürze an.

Zum Garnieren geeignet sind auch Spargel, Artischocken, Pflaumen, Oliven, Kapern, Bohnen, Erbsen und andere eingelegte Gemüsearten.

Eine besondere Bedeutung bei der Frischfleischgarnierung hatte früher der Speck. Diese Auffassung hat sich gegenüber dieser Dekorationsart gewandelt, da der Verbraucher heute Fett meidet. Speckgarnierungen bzw. das Ummanteln des Fleisches mit Speck ist nur dort sinnvoll, wo der Speck die Saftigkeit des Bratens bzw. des Steaks erhält. Dafür wird aber durchwachsener, mager wirkender Speck bevorzugt.

Ein Beispiel sind Tournedos, Räuberspieße und sparsam gelegte Speckstreifen auf großen Bratenstücken.

Auf keinen Fall darf ein mageres Stück Fleisch in der Fettgarnierung untergehen.

Es wurde deshalb in diesem Buch bewußt auf die Herstellung von Speckrosen, Speckzöpfen oder gar Schachbrettmustern aus Speckplatten verzichtet.

Die gleiche Aussage läßt sich für Aspikgarnierungen machen. Die oftmals verwendeten Aspikrauten, Würfel, bunt eingefärbt, sind zeitraubend und aus der Sicht unseres heutigen Geschmacksempfindens passé.

Aspikarbeiten, z. B. verschiedene Gemüse in Aspik, zu kalten Braten werden von Kunden nur selten gewünscht und zieren meist Schauplatten. Hier soll der Aspik das frische Aussehen der Gemüsearten länger unverändert erhalten.

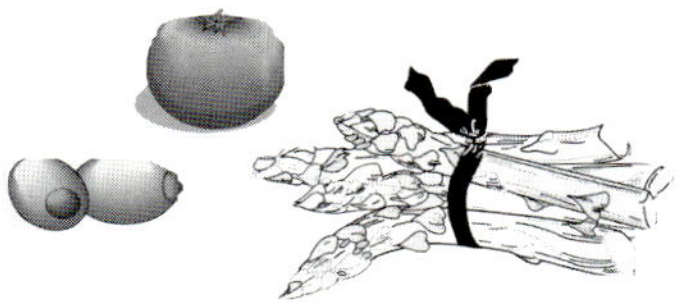

Grillfertig vorbereitete Bauchscheiben

1. **Schweinebauchscheiben** flach gelegt und doppelseitig gewürzt.
2. **Schweinebauchscheiben** U-förmig gespießt, einseitig gewürzt und garniert.
3. **Schweinebauchscheiben** mariniert, abwechslungsreich gewürzt, an der Schwartenseite eingeschnitten.
4. **Schweinebauchscheiben** dünn geschnitten, von beiden Seiten gewürzt und gerollt, mit Wurstgarn gebunden.

Schweinerücken

1. **Gespießte Schweinerückensteaks** mit Bauch- und Speckscheiben gefüllt, abwechselnd mit verschiedenen Fleischwürzern verfeinern.
2. **Gefüllte Schweinerückenscheiben** mit Apfelscheiben und Pflaumen gefüllt. Außenwürzung nach Wahl.
3. **Schweinerücken** mit Jägermett gefüllt.
4. **Schweinerücken** mit Bratwurstbrät und Röstzwiebeln gefüllt.
5. **Gefülltes Rückensteak** mit gehackten Äpfeln, Kiwi, Käse.
6. **Steak mit Füllung** und bratfertig gewürzte Steaks.

Abwechslungsreiche Angebotsplatte

Auf der Marmorplatte lassen sich die Grilladen besonders ansprechend präsentieren.

1. Grillrouladen mit Gurken, Zwiebeln, Räucherspeck und Hackfleischfüllung.
2. Hacksteaks.
3. Gefüllter Portionsbraten.
4. Gefüllte Koteletts.
5. Ćevapčići.

Die Würzung erfolgt nach persönlichem Geschmack oder nach den Wünschen der Kunden.

Geschenkkörbe, Service und Verkaufschancen

Geschenkkörbe waren früher sehr beliebt. Sie gerieten allerdings mit zunehmendem wirtschaftlichem Wohlstand etwas in Vergessenheit. In letzter Zeit gewinnen sie jedoch wieder an Bedeutung.

Zum Aussehen eines Geschenkkorbs

Der Auftraggeber erwartet, daß sein Geschenkkorb etwas Besonderes darstellt. So müssen wir uns zwar nach den Kundenwünschen richten, sollten aber gleichzeitig versuchen, die Wünsche auf Artikel zu konzentrieren, die „geschenkkorbgeeignet" sind und die eine dekorative Aufmachung erlauben. Abhängig vom Anlaß sollte die Gestaltung wechseln, wobei die jeweilige Jahreszeit, z. B. mit Trauben und Weinlaub im Herbst, anklingen darf. Willkommen sind auch Bezugnahmen auf das Hobby des Beschenkten, auf persönliche Neigungen, den Beruf, z. B. bei einem Fußballfan ein Vereinswimpel, zwei ineinandergeschlungene Wurstringe für eine Hochzeit, eine als Spazierstock geformte Salami mit Schleifchen für einen Wanderfreund.

Anknüpfungsmöglichkeiten gibt es in vielen Richtungen. Die Auftraggeber sind auch zu Auskünften gerne bereit, wenn man sie danach fragt.

Ein Geschenkkorb sollte als Warenverkauf in anderer Form angesehen werden. Um hier rationell zu arbeiten, sind genau wie beim Plattenservice einige organisatorische Maßnahmen zu treffen.

Organisation Geschenkkorbverkauf

1. Geeignete Körbe beschaffen. Hier können auch naturfarbige Körbe gute Dienste leisten, es ist möglich, die Körbe nachträglich farbig zu spritzen.
2. Beschaffen von Bändern und verschiedenen Einlagen, dekorativ sind Glaswolle, Dekostoffe, Sets.
3. Karten für Glückwünsche, Widmungen und individuelle Beschriftungen.
4. Aufstellen einer Sortimentsliste für Geschenkkörbe.
5. Vorschläge für Geschenkkörbe, nach preislichen Gesichtspunkten sortiert, wobei einzelne Preisgruppen, z. B. 70 DM, 100 DM und mehr, geschaffen werden sollten. Die Preisgruppe bis 70 DM verdient in diesem Zusammenhang besondere Beachtung, da Werbegeschenke bis 70 DM steuerlich voll abzugsfähig sind.
6. Festlegen der Leihgebühren, der Zustellkosten und der möglichen Sonderleistungen.
7. Handzettel zum Verteilen an Kunden, Vereine, Firmen, Behörden, Parteien und Organisationen.

Besonders geeignete Artikel für Geschenkkörbe

1. Geeignet sind alle Dauerwaren wie Rohschinken, Lachsschinken, Schinkenspeck. Kleinere Stücke können auf Brettchen oder vakuumverpackt angeboten werden.
2. Bei den Würsten kommen vor allem Salami, Cervelat, grobe Mettwurst und feine Mettwürste in Frage; es können auch Mettendchen, Balkanwürstchen oder Landjäger dabei sein. Frischwurst und weniger gut haltbare Waren sind nicht zu empfehlen, denn Körbe stehen meist länger, bis sie verschenkt werden, oftmals benötigt der Beschenkte mehrere Tage, um die eßbaren Gaben zu bewältigen.
3. Begrüßt werden Spezialiäten in Form von Konserven, wie grobe Landleberwurst, delikate Pâté oder eine rustikale Schweinskopfsülze. Hier kann der Geschenkkorb ein guter Werbeträger für Konserven aus eigener Herstellung werden.
4. Um das Geschenkkorbangebot so abwechslungsreich wie möglich zu machen, sollten in die Geschenkkorbvorschläge auch Lachs, Aal, geräucherte Forellen, Fischspezialitäten sowie Feinkosterzeugnisse und Käse aufgenommen werden.
5. Den Abschluß der Geschenkkorbliste bilden Wein, Sekt, Cognac und alle Arten von Spirituosen. Flaschen in Bast oder in Körben, in ausgefallenen Formen oder Aufmachungen mit Anhängern und Gütezeichen sind für den Geschenkkorb willkommen und zugleich ein dekoratives Element.

Grundsätzlich kann gesagt werden: Im Korb sollten die verschiedenen Waren optisch ansprechend wirken und durch Beiwerk nicht abgedeckt sein. Große Stücke und kleinstückige Ware sollten sich harmonisch aneinanderfügen.

Wichtig ist es, den Korb mit Cellophan großzügig zu umhüllen. Der Korb erhält dadurch den nötigen Schutz und wirkt gleichzeitig attraktiver. Mit Geschenkkörben läßt sich nicht der ganz große Umsatz machen, sicher ist aber, daß jede Dienstleistung, jede Aktion zur Imagepflege beiträgt und damit ein Stück Verkaufsförderung ist. Genau wie beim Plattenservice sollte auch hier mit System vorgegangen werden, um diesen Servicebereich zu einem lohnenden Verkaufsbereich zu machen.

Geschenkkörbe

Die Nachfrage nach den etwas aus der Mode gekommenen Geschenkkörben läßt sich durch gezielte Anzeigen, Prospekte und Handzettel erhöhen.

Oftmals können die Handwerks- und Handelskammern Hinweise auf Jubiläen geben.

Wenn die Werbung mit einem detaillierten Farbfoto verbunden wird, dann sind auch die Personalabteilungen größerer Unternehmen die richtigen Adressaten.

Körbe können für sehr unterschiedliche Anlässe bestimmt sein. Mit diesen Körben sollte die Idee „Picknick“, „Brotzeit“, „Freizeit“ oder „deftiges Vesper“ anklingen. Da der Hang zur Natur groß ist, paßt der Korb für einen breiten Personenkreis.

Abhängig vom Anlaß und den landsmannschaftlichen Gepflogenheiten werden häufig alkoholische Angebinde im Korb mitverlangt. Weine, Schnäpse, Cognacs oder Liköre erweisen sich stets als passende Ergänzung zu ausgewählten Fleisch- und Wurstwaren.

Um den Bestellern die Wahl zu erleichtern, sind Checklisten bzw. Vorschläge für beliebte Zusammenstellungen nützlich. Kommt noch eine Preisübersicht hinzu, kann der Interessent seine Entscheidung rasch treffen.

Wurststräuße

Wurststräuße sind zu beliebten Geschenkartikeln geworden. Sie können in den verschiedenen Preislagen abwechslungsreich sowie optisch ansprechend gesteckt werden.

Zweckmäßig ist es, Steckhilfen, sogenannte Dekohalter, einzusetzen.

Zusätzlich zu den Steckhilfen werden vom Fachhandel farbige und weiße Manschetten sowie Dekorationsbänder angeboten. Im Prinzip werden alle Geschenkartikel an Holzspießen befestigt und wie Blumen zu einem Strauß abwechslungsreich gesteckt.

Für die Wurststräuße eignen sich am besten nicht zu große Geschenke.

Unverpackte Produkte müssen aus hygienischen Gründen umhüllt bzw. vakuumverpackt sein.

Arbeitsvorgang

1. Steckhilfen mit Alufolie abdecken und mit der gewünschten Manschette versehen.
2. Die vorgesehenen Wurstwaren, Käse und Schnapsfläschchen werden an Schaschlikspießen mit Klebeband oder Blumendraht befestigt.
3. Die einzelnen Spieße werden zu einem Dekostrauß gesteckt. Um eine schöne Rundung zu erreichen, müssen die äußeren Spieße etwas gekürzt werden.
4. Der fertige Wurststrauß wird mit einem passenden Band, als Schleife verziert, in Cellophan eingehüllt und mit einer Siegelmarke abgeschlossen.

Geschenkideen

Verschenkt wird eigentlich alles. Der Gedanke liegt deshalb nahe, Fleisch- und Wurstwaren in Geschenkaufmachung anzubieten. Anlässe gibt es genügend, angefangen vom Geburtstag, Betriebsjubiläum, der Familienfeier bis hin zum freundschaftlichen Besuch.

Da die Geschenkidee – über den Wurststrauß hinaus – hochaktuell ist, lohnt es sich, diesen Bereich zu pflegen und die verschiedensten Arrangements, als Anregung der Kauflust, zusammenzustellen.

Geschenkidee 1

Dieses Präsent wurde mit Würzkräutern, Wurstwaren und Getränken arrangiert. Es hat sich gezeigt, daß Genußmittel in Kombination mit weiterverwendbaren Gegenständen großen Anklang finden.

Geschenkidee 2

Ausgelegter kleiner Holzzuber oder ein Korb mit Wurstwaren, Käse und als besondere Geschenke z. B. Stichthermometer und Zinnlöffel. Anstelle einer rustikalen Aufmachung können andere Gefäße gewählt werden, die sich dem Anlaß anpassen. Für Hochzeiten eignen sich z. B. Sektkühler, Pfannen, Geschirrteile, Vasen sowie andere Gebrauchsgegenstände.

Um für jeden Anlaß gerüstet zu sein, ist es zweckmäßig, systematisch nach geeigneten Körben, Körbchen, Behältern und Gebrauchsgegenständen zu suchen. Ein ausreichender Fundus schafft die Voraussetzung für Abwechslung und neue Geschenkideen. Die Kunden danken es.

Geschenkideen

Geschenkidee 3

Das Vesperbrettchen gehört dazu. Es wird als Grundlage für einen kleinen Wurststrauß gewählt. Die Rohwurst- und Rohschinkenscheiben werden vakuumverpackt. Außer Käse werden auch Äpfel als dekorativer Blickfang gesteckt.

Hochprozentige Getränke sind eine beliebte Ergänzung.

Geschenkidee 4

Als Wurstgeschenk eignen sich auch andere Würste, wie z. B. Bierwurst, Krakauer, ein Bündel Jägersalami, Schlackwürste im Naturdarm oder eine dunkel geräucherte Katenwurst.

Hinzu kommen Getränke und dekorative Elemente, die auf den speziellen Anlaß abgestimmt sein können.

Geschenkidee 5

Ein Wurststrauß, der sich auf rustikale Wurstsorten konzentriert. Neben den Rohwürstchen runden angeschnittene Pfefferblutwürstchen den Strauß ab. Die mitgesteckten Rosen werten den Wurststrauß auf.

Geschenkidee 6

Wirkungsvolle Geschenke

Auch eine einzelne Wurst kann zu einem attraktiven Geschenk gestaltet werden.

Gewählt wird eine ausgereifte, weiß getauchte Salami, die man mit Cellophan und Schleifen dekoriert.

Geschenkidee 7

Ein großer Wurststrauß mit Portionswürstchen und Rohwürstchen in kleinen Ringen, kombiniert mit Käse.

Ein Wurststrauß, der in einer Keramikvase zünftig überreicht werden kann.

Geschenkidee 8

Schlemmerkorb

Es muß nicht immer ein großer Geschenkkorb sein. Auch in einen kleinen Korb oder ein Körbchen gehen viele Dinge, die den Beschenkten erfreuen. Dieser Geschenkkorb wurde kulinarisch ausgerichtet und damit zu einem Schlemmerkorb stilisiert. Er enthält Wurstwaren, Käse, Fischkonserven und hochprozentige Getränke. Der Inhalt kann wertmäßig auf die Wünsche des Bestellers ausgerichtet werden.

Hinweis

Alle Geschenke werden mit Cellophan umhüllt, mit Band und einem Aufkleber der Firma abgeschlossen.

Zum Abschluß

Die Absicht dieses Buches ist es, den heutigen Trend in der Legetechnik zu zeigen, als Anregung und Vergleichsmaßstab für den eigenen Leistungsstand. Auf klangvolle Zusatzbezeichnungen der Platten wurde bewußt verzichtet. Sie sollen dem Gestalter vorbehalten bleiben. Es ging um eine sachliche, klare Aussage. Kein Aufbau, keine Legeart oder Garnierung ist allerdings bindend, sondern nur als Beispiel zu werten. In der Praxis wird es immer wieder nötig sein, die Platten abzuwandeln und den jeweiligen Bedürfnissen anzupassen. Es gilt, den Kundenwünschen, dem individuellen Geschmack und der besonderen Situation Rechnung zu tragen.

Gleichzeitig soll gezeigt werden, wie eine Generalrichtung durchgehalten werden kann, um einen Plattenservice nach kaufmännischen Grundsätzen aufzubauen.

Routine und Kreativität

Daß zum routinemäßigen Können gestalterische Fähigkeiten hinzukommen müssen, sei als Selbstverständlichkeit vorausgesetzt.

Hinter der Bereitschaft, garnierte Platten anzubieten, steckt aber auch ein gutes Stück Marketing, der Wille, auf veränderte Marktsituationen einzugehen. Ohne Frage liegen die Chancen des Fachgeschäftes zu einem großen Teil im Dienstleistungsbereich. Die Entwicklung beweist, daß Kunden nicht nur höhere Qualitätsansprüche stellen, sondern gleichzeitig nach Lieferanten oder sagen wir Partnern suchen, die auf ihre gehobenen Forderungen eingehen. Der Plattenservice bietet die Möglichkeit, sich gerade in dieser Hinsicht leistungsmäßig deutlich zu profilieren.

Sehen wir zurück, so genügte es früher, ein Stück Fleisch vom Haken abzuschneiden. Heute ist das portionsgerecht zugeschnittene, pfannenfertig vorbereitete Steak oder Bratenstück nicht mehr wegzudenken.

Sortenvielfalt und ansprechende Warenpräsentation

Ähnlich sieht es im Wurstbereich aus. Der Kunde muß durch Sortenvielfalt und augenfällige Warenpräsentation interessiert werden. Eine folgerichtige Weiterentwicklung ist das appetitanregende Legen der Ware, die garnierte Platte, bis hin zum vollständigen kalten Büfett.

Das Fachgeschäft ist eine Einkaufsquelle für hochwertige Lebensmittel und Delikatessen. Seine Aufgabe besteht darin, diese Ware so attraktiv und so genußfördernd wie möglich anzubieten und zu verkaufen.

Wenn es früher auch anders ging, so gilt heute der Spruch: Beständig ist nur der Wandel. Das Hinwenden zu einem leistungsstarken Plattenservice ist eine notwendige Konsequenz und zugleich ein wichtiger Schlüssel zum Erfolg.

Feinschmeckerbüfett und Party-Service

Plattenlegen umfaßt heute jeden Anlaß, bis hin zur festlichen Tafel und zum anspruchsvollen Feinschmeckerbüfett. Die Beispiele dieses Fachbuches weisen auf die Spannweite des Plattenlegens hin und auf Möglichkeiten, die sich im Party-Service erschließen lassen.